U0648312

职业教育教学改革融合创新型教材·会计类

Caiwu Baobiao Fenxi Xiti Yu Anli

财务报表分析习题与案例

第六版

李 昕 编 著

东北财经大学出版社 大连

Dongbei University of Finance & Economics Press

图书在版编目（CIP）数据

财务报表分析习题与案例 / 李昕编著 . —6版 . —大连：东北财经
大学出版社，2023.8
（职业教育教学改革融合创新型教材·会计类）
ISBN 978-7-5654-4895-9

Ⅰ . 财… Ⅱ . 李… Ⅲ . 会计报表-会计分析-职业教育-教
学参考资料 Ⅳ . F231.5

中国国家版本馆CIP数据核字（2023）第134261号

东北财经大学出版社出版
（大连市黑石礁尖山街217号 邮政编码 116025）
网 址：http：//www.dufep.cn
读者信箱：dufep@dufe.edu.cn

大连市东晟印刷有限公司印刷 东北财经大学出版社发行

幅面尺寸：185mm×260mm 字数：205千字 印张：10.5
2023年8月第6版 2023年8月第1次印刷
责任编辑：张旭凤 曲以欢 责任校对：何 群
封面设计：原 皓 版式设计：原 皓

定价：32.00元

教学支持 售后服务 联系电话：（0411）84710309
版权所有 侵权必究 举报电话：（0411）84710523
如有印装质量问题，请联系营销部：（0411）84710711

第六版前言

党的二十大报告指出："实施科教兴国战略，强化现代化建设人才支撑"，职业教育肩负着培养直接服务经济建设主战场的专业技术技能型应用人才，推动行业发展、企业转型以及技能型社会建设的重要使命。而专业教材及配套的实训教材等相关的教学资源库建设，是创新专业人才培养模式，提高专业人才培养质量的核心内容。《财务报表分析习题与案例》作为《财务报表分析》（本书第五版荣获首届全国优秀教材奖）的配套教材，自出版以来，有幸得到了广大读者的厚爱和东北财经大学出版社的大力支持，并先后被教育部评为"十二五""十三五"职业教育国家规划教材，配套主教材《财务报表分析》（第六版）于2023年幸获"十四五"职业教育国家规划教材。这是一份荣誉，更是一份责任。激励作者站在新时代、新的历史方位节点上，进一步强化配套实训教材在培根、铸魂、启智、增慧、提技、强能等方面的功能，担当起作者的政治使命与专业责任。

因此，本教材的修订以习近平新时代中国特色社会主义思想为引领，以党的二十大精神为指引，以《中华人民共和国职业教育法》为指导，以《国家职业教育改革实施方案》《关于推动现代职业教育高质量发展的意见》《关于深化现代职业教育体系建设改革的意见》等相关文件为依据，以服务岗位职能转型、服务学习型、技能型社会建设、服务受教育（培训）者职业成长为主旨，深入行企，广泛调研，征求并吸纳企业专业岗位人员及教学一线师生们的建议，结合教学实践反馈，注重与时俱进、自主学习、岗位特色、知行合一与职业成长。本次修订突出了以下特色：

1. **与时俱进的时代特色**。根据人工智能、大数据时代对财务管理工作职能的新定位，对财务报表分析功能的新变化，对职业精神、专业能力、职业素养及跨界学习的可持续发展潜力等方面的新要求，与主教材相呼应，更新、修改了学习目标、预习要览等相关内容，调整、完善了对应的学习方法。力求立足时代发展前沿，与时俱进地彰显专业配套实训教材的时代特色。

2. **深植行企的职业特色**。紧跟行业发展步伐，对接企业就业岗位服务转型、管理赋能的新要求，将国家最新颁布的《中华人民共和国职业教育法》《关于中央企业加快建设世界一流财务管理体系的指导意见》《关于进一步提升上市公司财务报告内部控制有效性的通知》等最新行业法规、政策制度的主要精神融入其中，提高学习目标定位，更新预习要览、重点难点等相关内容。与主教材相呼应，增加对我国上市公司最新年报、华为公司年报解读等学习内容，拓宽行业视野，精进专业技能，构建财务思维大格局，服务学生的职业成长。同时对标读者群中学生群体专升本考试和会计专业技术职务（职称）考试的考纲范围、考题类型，补充完善了主要公式、备考演练等相关内容，增强了备考针对性，服务学生的职业发展。力求深植行企发展前沿，与时俱进地彰显专业配套实训教材的职业特色。

3.思想引领的育人特色。紧跟国家发展战略步伐，强化职业教育实训教材在传承红色基因、培育时代新人等方面的核心功能。将国民经济与社会发展"十四五"规划、红色会计历史与会计文化、维护国家信息安全以及发挥审计监督作用、促进社会经济健康有序、可持续发展等国家战略的思想站位、行业愿景、精神导向，与学生的专业价值追求、职业规划紧密契合，丰富实训教材的思想内涵。与主教材相呼应，融入从学习目标、预习要览到备考演练的全部内容。初步构建出职业发展定位、职业精神培育、职业发展能力提升三点一线的实训教材课程思政功能主轴线，贯穿学习全过程，成为统领本教材的核心灵魂。力求服务国家发展战略，与时俱进地彰显专业配套实训教材的育人特色。

4.专业规范的精品特色。紧跟国家职业教育优秀教材建设标准的提升步伐，汲取职教同行优秀专业实训教材改革与建设经验，认真研究、探讨最新修订的《职业教育专业目录》中，与读者群相关的专业教学标准以及面向未来即将发生的新变化，以打造与主教材相匹配的精品实训教材为目标，对本教材专业内容表述的科学性、与主教材呼应的一致性、内容前后衔接的流畅性、配套答案的精准性等方面进行了精心打磨，以期不负国家优秀教材配套实训教材的专业使命。力求紧跟新时代国家职业教育优秀教材建设标准的提升步伐，与时俱进地彰显专业配套实训教材的精品特色。

本教材的此次修订，恰逢最新修订的《中华人民共和国职业教育法》公布实施一周年之际。作为一名以职业教育作为终身事业，用近40年的职业生涯全程参与、见证并助力我国职业教育改革发展进程的教育工作者，为生逢这样一个伟大复兴的时代而骄傲，为享有这样一个职业教育大发展的舞台而庆幸，更为拥有这样一批具有强烈的专业认同和工匠精神，共同为推动我国职业教育实现跨越式发展，服务学习型、技能型社会建设的同行者而倍感幸福。本教材的修订再版，既是对过去专业改革及课程建设实践成果的总结与凝练，也是立足新发展阶段，围绕着我国国民经济与社会发展"十四五"规划中明确的"提高职业教育的适应性"要求，拓宽专业视野，创新教学实践，进入高质量发展快车道的新起点。因此，在本教材修订再版之际，真诚地感谢东北财经大学出版社和广大读者朋友们给予作者的高度信任与大力支持，感谢编辑人员为本教材的修订所付出的心血。共同的价值认同和专业追求，让我们以书会友，在学习成长中守望相助，共同参与、见证本教材的建设成长历程，推动本教材历经每一次修订，使其在求真务实、高质量发展的轨道上迈向新高度，结出新硕果。

　　在本教材的修订过程中，广泛参阅了同行专家、学者公开出版的专著、教材，或公开发表的文章等，在此一并表示谢意。受作者学识、水平和修订时间所限，本教材不足和疏漏之处在所难免，恳请读者不吝赐教。

作　者

2023 年 6 月 6 日

目 录

项目一　初识财务报表分析

一、学习目标

通过本项目的学习，熟悉财务报表的内涵及种类，了解财务报表的作用与编制要求，明确财务报表分析的目的，掌握财务报表分析的基本方法。养成良好的学习习惯，增强专业认同感、信息共享意识和严谨规范、精益求精的工匠精神。

二、预习要览

（一）关键概念

1. 财务报表　　　　　　　　2. 会计要素

3. 财务报表分析　　　　　　4. 资产

5. 负债　　　　　　　　　　6. 所有者权益

7. 留存收益　　　　　　　　8. 收入

9. 费用　　　　　　　　　　10. 利润

11. 比较分析法　　　　　　 12. 比率分析法

13. 因素分析法　　　　　　 14. 趋势分析法

（二）关键问题

1. 为什么说在共享经济的今天，财务报表比以往任何时期都更加重要？

2. 如何确认资产？人力资源是不是资产？为什么？

3. 如何确认收入？为第三方代收的款项是不是收入？为什么？

4. 大数据时代给财务分析带来哪些新变化？财务人员应如何应对这些新变化？

5. 如何理解对财务报表编制的基本要求？

6. 什么是比较分析法？如何看待比较形成的差异？常用的比较标准有哪些？

7. 什么是比率分析法？如何理解比率分析法的优势？

8. 什么是因素分析法？在使用中应注意哪些问题？

9. 什么是趋势分析法？其最主要的特点是什么？

10. 为什么说信息就是力量？在推动中国社会信息化发展、建设网络强国的过程中，财务人员要担当哪些责任与使命？

三、重点与难点

财务报表是对企业财务状况、经营成果、现金流量和所有者权益变动情况的结构性表述，是财务会计报告的重要组成部分，是企业向外传递会计信息的主要途径。财务报表主要包括资产负债表、利润表、现金流量表、所有者权益变动表及附注等。

不同性质的会计主体，由于会计核算的具体内容和经济管理的要求不同，其财务报表的分类也不尽相同。财务报表可以根据需要，按照不同的标准进行分类：

按照反映内容的不同，可以分为静态财务报表和动态财务报表；

按照编制时间的不同，可以分为月度财务报表（月报）、季度财务报表（季报）、半年度财务报表（半年报）和年度财务报表（年报）；

按照编制单位的不同，可以分为单位财务报表和汇总财务报表；

按照编制主体的不同，可以分为个别财务报表和合并财务报表；

按照服务对象的不同，可以分为内部财务报表和外部财务报表。

会计要素是对会计对象的基本分类，是会计对象的具体化。会计要素共分为以下六类：

1. 资产

资产是指由企业过去的交易或者事项形成的、由企业拥有或者控制的、预期会给企业带来经济利益的资源。

资产按其流动性一般分为流动资产和非流动资产两大类。

资产的基本特征如下：

（1）资产是由过去的交易或事项形成的，而不是由未来的交易或事项形成的资源；

（2）资产应当为企业所拥有或控制；

（3）资产预期会给企业带来经济利益。

2. 负债

负债是指由过去的交易或事项形成的、预期会导致经济利益流出企业的现时义务。现时义务是指企业在现时条件下已承担的义务。未来发生的交易或事项形成的义务，不属于现时义务，不应当确认为负债。

负债按偿还期的长短分为流动负债和非流动负债。

负债的基本特征如下：

（1）负债是企业承担的现时义务；

（2）负债是由企业过去的交易或者事项所形成的；

（3）负债的清偿预期会导致经济利益流出企业。

3.所有者权益

所有者权益是指企业资产扣除负债后，由所有者享有的剩余权益。公司的所有者权益又称为股东权益。

所有者权益按其来源不同分成以下三类：所有者投入的资本；直接计入所有者权益的利得和损失；留存收益。

资产、负债和所有者权益是反映企业财务状况（资金运动相对静态状况）的会计要素，也是形成资产负债表的要素。

企业的资产、负债和所有者权益之间存在下列数量关系：

资产=负债+所有者权益

它反映了企业在某一时点的财务状况。

4.收入

收入是指企业在日常活动中形成的、会导致所有者权益增加的、与所有者投入资本无关的经济利益的总流入，包括商品销售收入、提供劳务收入和让渡资产使用权收入，但不包括为第三方或客户代收的款项。

收入在企业履行了合同中的履约义务，即在客户取得相关商品控制权时确认。

5.费用

费用是指企业在日常活动中发生的、会导致所有者权益减少的、与向所有者分配利润无关的经济利益的总流出。费用与收入相配比，即为企业经营活动中取得的盈利。

费用可按不同标准进行分类：

（1）按照经济内容（或性质）进行分类，费用可分为劳动对象方面的费用、劳动手段方面的费用和活劳动方面的费用。

（2）按照经济用途进行分类，费用可分为直接材料费用、直接人工费用、其他直接费用、制造费用和期间费用。

（3）按照同产量之间的依存关系进行分类，费用可分为固定费用和变动费用。

费用只有在经济利益很可能流出企业，从而导致企业资产减少或者负债增加，且经济利益的流出金额能够可靠计量时才能予以确认。

6.利润

利润是指企业在一定会计期间的经营成果。利润能够反映企业在一定会计期间的经营业绩和获利能力，反映企业的投入产出效率和经济效益，有助于企业投资人和债权人据此进行盈利预测，评价企业经营绩效，作出正确的决策。利润包括收入减去费用后的净额、直接计入当期利润的利得和损失等。利润的构成有营业利润、利润总额和净利润三个层次。

收入、费用和利润是反映企业经营成果（资金运动显著变动状况）的会计要素，也是形成利润表的要素。

企业的收入、费用和利润之间存在下列数量关系：

收入−费用=利润

它反映了企业在一定时期的经营成果。

编制财务报表的目的，在于提供有助于财务报表使用者进行经济决策的财务信息。财务报表的具体作用表现在以下四个方面：

（1）有助于投资人和债权人等了解企业的财务状况与经营成果，并进行合理决策；

（2）有助于企业加强和改善内部经营管理；

（3）有利于国家经济管理部门制定宏观产业政策，进行宏观调控；

（4）有利于促进资本市场的健康发展。

为了使财务报表能够最大限度地满足各有关方面的需求，实现编制财务报表的基本目的，充分发挥财务报表的作用，企业在编制财务报表时应当做到真实可靠、相关可比、全面完整、编报及时、便于理解。

财务报表分析的目的就是通过财务报表提供的会计信息，揭示数字背后的信息，了解企业的生产经营状况和未来的发展趋势，为信息使用者进行经济决策提供依据。

不同的报表分析主体进行报表分析的目的是不同的。

投资人分析财务报表的目的。 投资人包括企业所有者和潜在的投资者。他们进行财务报表分析的最根本目的是了解企业的盈利能力状况，因为盈利能力是投资人资本保值和增值的关键。

债权人分析财务报表的目的。 债权人包括企业借款的银行、其他金融机构以及购买债券的单位与个人等。他们进行财务报表分析的主要目的：

一是看其对企业的借款或其他债权是否能及时、足额收回，即研究企业偿债能力的大小；

二是看债权人的收益状况与风险程度是否相适应。

经营者分析财务报表的目的。 经营者主要是指企业的经理以及各分厂、部门、车间的管理人员。他们进行财务报表分析的目的是综合性和多方面的，他们不仅关心盈利结果，而且关心盈利过程，因此要进行多方面的分析。

政府有关部门分析财务报表的目的。 政府有关部门主要是指工商、财政、税务以及审计等部门。他们进行财务报表分析的目的：

一是监督检查党和国家的各项经济政策、法规、制度在企业的执行情况；

二是保证企业财务报表以及相关信息的真实性、准确性，为宏观决策提供可靠信息。

　　业务关联单位分析财务报表的目的。业务关联单位主要指材料供应者、产品购买者等。这些单位出于保护自身利益的需要，也非常关心往来企业的财务状况，所以要进行财务报表分析。他们在分析时，最关注的是企业的信用状况，包括商业上的信用和财务上的信用。

　　企业内部职工分析财务报表的目的。企业内部职工最关注的是企业为其所提供的就业机会及其稳定性、劳动报酬高低和职工福利好坏等方面的信息。

　　财务报表分析的方法是指分析工作中用来测算数据、权衡效益、揭示差异、查明原因的具体方法，它是为达到分析目的所采用的手段和措施。财务报表分析的基本方法主要有以下四种：

1.比较分析法

　　比较分析法是通过指标对比，从数量上确定差异，并进一步分析差异产生原因的分析方法，它是财务报表分析中最基本的方法。具体公式如下：

实际指标-标准指标=差异

　　差异又分为有利差异和不利差异两种。正指标大于零或反指标小于零的差异为有利差异；反指标大于零或正指标小于零的差异为不利差异。

　　比较分析法中常用的比较标准有公认标准、目标标准、行业标准和历史标准。

　　运用比较分析法，应注意比较指标在内容、时间、计价标准上的可比性。只有口径一致，才能使比较的结论客观、可信。

2.比率分析法

　　比率分析法是一种特殊形式的比较分析法，它是通过计算两项相关数值的比率，来揭示企业财务活动的内在联系，分析经济现象产生原因的分析方法。由于它使用相对数指标进行比较分析，不受规模限制，因此，在实际工作中应用广泛。

　　比率分析法常用的形式有相关比率分析和构成比率分析。运用比率分析法，应注意对比指标的相关性。

3.因素分析法

　　因素分析法是把综合指标分解为各个组成要素，确定各要素对综合指标的影响程度和影响方向的分析方法。因素分析法最常见的应用形式是连环替代法。

　　运用连环替代法，应注意替代计算的顺序性、对比计算的连环性、计算结果的假定性。替代顺序的排列规则是：先数量指标，后质量指标；先实物量指标，后价值量指标；先主要因素，后次要因素；先分子，后分母。

　　连环替代法的简化形式是差额计算法。运用差额计算法，当确定某一因素变动的影响时，括号中用该因素的实际指标减标准指标求差异，括号前的因素为实际指标，括号后的因素为标准指标。

4.趋势分析法

趋势分析法是计算连续若干期的相同指标，揭示和预测财务状况或经营成果发展趋势的分析方法，也称为动态比率分析法。

趋势分析法包括定基动态比率分析与环比动态比率分析两种形式。

四、主要公式

1.资产=负债+所有者权益（反映企业在某一时点的财务状况）

2.收入−费用=利润（反映企业在一定时期的经营成果）

3.定基发展速度=$\dfrac{\text{分析期数额}}{\text{固定基期数额}}×100\%$（又称定基动态比率）

定基增长速度=定基发展速度−100%

4.环比发展速度=$\dfrac{\text{分析期数额}}{\text{前期数额}}×100\%$（又称环比动态比率）

环比增长速度=环比发展速度−100%

五、备考演练

（一）单项选择题

1.（　　　）是财务会计报告的重要组成部分，是企业对外传递会计信息的主要途径。

A.账簿资料　　　　　　　　　　B.会计凭证

C.财务报表　　　　　　　　　　D.财务分析报告

2.现行企业会计准则传递的重大改革信息之一是（　　　）。

A.资产负债表观　　　　　　　　B.利润表观

C.现金流量表观　　　　　　　　D.所有者权益变动表观

3.半年度、季度和月度财务报表又可统称为（　　　）。

A.年度内财务报表　　　　　　　B.中期财务报表

C.静态财务报表　　　　　　　　D.个别财务报表

4.有助于报表使用者进一步理解和分析企业主要财务报表信息的是（　　　）。

A.内部财务报表　　　　　　　　B.合并财务报表

C.汇总财务报表　　　　　　　　D.财务报表附注

5.对财务报表编制的首要要求是（　　　）。

A.真实可靠　　　　　　　　　　B.全面完整

C.便于理解　　　　　　　　　　D.编报及时

6.（　　　）是投资人资本保值和增值的关键。

A.偿还能力 B.盈利能力

C.营运能力 D.发展能力

7.最关心企业信用状况的报表使用者是（ ）。

A.投资人 B.政府机关

C.业务关联单位 D.企业内部职工

8.财务报表分析中最基本的方法是（ ）。

A.趋势分析法 B.因素分析法

C.比率分析法 D.比较分析法

9.企业制订的计划或定额是企业通过努力应该达到的理想标准，也称为（ ）。

A.公认标准 B.目标标准

C.行业标准 D.历史标准

10.差额计算法是（ ）的特殊形式。

A.趋势分析法 B.因素分析法

C.比率分析法 D.比较分析法

（二）多项选择题

1.财务报表列报主要包括的内容有（ ）。

A.资产负债表 B.利润表

C.所有者权益变动表 D.现金流量表

E.报表附注

2.财务报表可以根据不同的需要进行不同的分类，常用的分类标准有（ ）。

A.反映内容 B.编制时间

C.编制单位 D.编制主体

E.服务对象

3.会计要素是会计对象的具体化，也是形成会计报表的基础，会计要素包括（ ）。

A.资产 B.负债

C.所有者权益 D.收入、费用

E.利润

4.资产负债表是反映企业在（ ）的（ ）的（ ）。

A.某一特定日期 B.财务状况

C.静态报表 D.动态报表

E.时点报表

5.利润表是反映企业在（ ）的（ ）的（ ）。

A.一定会计期间 　　　　　　　　B.经营成果

C.静态报表 　　　　　　　　　　D.动态报表

E.时期报表

6.能提供企业在一定时期所有者权益的（　　）等方面信息的报表是所有者权益变动表。

A.取得渠道 　　　　　　　　　　B.减少去向

C.结构变动 　　　　　　　　　　D.变动原因

E.债务水平

7.按经济内容分类，费用可分为（　　）。

A.固定费用 　　　　　　　　　　B.变动费用

C.劳动对象方面的费用 　　　　　D.劳动手段方面的费用

E.活劳动方面的费用

8.财务报表的编制要求主要体现为（　　）。

A.真实可靠 　　　　　　　　　　B.相关可比

C.全面完整 　　　　　　　　　　D.编报及时

E.便于理解

9.财务报表分析的基本方法有（　　）。

A.比较分析法 　　　　　　　　　B.比率分析法

C.因素分析法 　　　　　　　　　D.差额计算法

E.趋势分析法

10.趋势分析法的实质及包括的比较形式有（　　）。

A.相对数比较 　　　　　　　　　B.动态比率

C.定基动态比率分析 　　　　　　D.环比动态比率分析

E.差额计算

（三）判断题

1.账簿资料能够集中、概括、系统、全面地提供经营管理所需要的完整的会计信息。　　　　　　　　　　　　　　　　　　　　　　（　　）

2.财务报表是企业向外传递会计信息的主要途径。　　　　　（　　）

3.内部财务报表是供企业内部管理职能部门和决策人使用的财务报表，因此，必须统一格式、统一时间。　　　　　　　　　　　　　　（　　）

4.企业编报财务报表，必须严格遵循企业会计准则和《企业财务会计报告条例》的相关规定。　　　　　　　　　　　　　　　　　　（　　）

5.资产按其流动性一般可分为流动负债和长期负债两大类。　（　　）

6.负债按其偿还期的长短分为长期负债和非长期负债。　　　（　　）

7.企业为第三方代收的款项也应确认为企业的收入。　　　　（　　）

8.编制财务报表的目的，在于提供有助于财务报表使用者进行经济决策的财务信息。 （　　）

9.趋势分析法常用的比率形式有相关比率和构成比率。 （　　）

10.比率分析法是一种特殊形式的比较分析法，它使用相对数比较，所以不受规模限制，应用面更广。 （　　）

（四）计算题

1.光明公司202×年丙产品有关销售收入的资料见表1-1。

表1-1　　　　　　　　202×年丙产品有关销售收入资料表　　　　　编制单位：光明公司

项目	计划数	实际数	差异数
产品销售收入（万元）	1 000	1 056	+56
销售数量（台）	200	220	+20
销售单价（万元）	5	4.8	−0.2

要求：采用差额计算法计算各因素变动对产品销售收入计划完成情况的影响程度。

2.某企业2019—2022年的产品销售额分别是600万元、620万元、635万元和642万元。

要求：计算定基动态比率和环比动态比率的发展速度与增长速度指标，并对销售业绩的发展趋势作出简要评价。

（五）案例分析题

1.晨光公司202×年管理费用的预算数为100万元，实际执行数为108万元；净利润的预算数为2 000万元，实际执行数为2 160万元。

要求：分别计算管理费用和净利润的差异额和差异率，并作出简要评价。

2.康达公司材料消耗统计资料见表1-2。

表1-2　　　　　　　　　　　材料消耗统计表　　　　　　　　　编制单位：康达公司

项目	计划数	实际数	差异数
产品产量（件）	280	300	+20
单位产品材料消耗（千克）	50	45	−5
材料单价（元）	8	10	+2
材料消耗总额（元）	112 000	135 000	+23 000

要求：分别用连环替代法和差额计算法计算各影响因素变动对材料消耗总额的影响，并作出分析评价。

项目二 资产负债表分析

一、学习目标

通过本项目的学习，了解资产负债表的性质与作用、格式与内容，掌握资产负债表项目的分析方法和资产负债表综合分析方法的应用。培养以问题为导向的专业思维，传承红色会计文化的责任意识和技能报国的家国情怀。

二、预习要览

（一）关键概念

1. 资产负债表　　　　　　2. 交易性金融资产
3. 存货　　　　　　　　　4. 生物资产
5. 应付职工薪酬　　　　　6. 预计负债
7. 盈余公积　　　　　　　8. 资产结构
9. 资本结构　　　　　　　10. 营运资金
11. 营运能力　　　　　　　12. 长期偿债能力
13. 速动资产　　　　　　　14. 投资性房地产

（二）关键问题

1. 如何理解资产负债表的性质？对资产负债表的分析应包括哪些内容？

2. 通过对资产负债表的分析，你能够了解到哪些基本的财务信息？

3. 作为财务人员，应如何通过资产负债表的分析，履行岗位职责，管理好企业家底？

4. 应收票据与应收账款的异同点表现在哪些方面？

5. 对其他应收款项目的分析应注意什么？

6. 什么是存货？对存货项目的分析应重点注意哪些问题？

7. 什么是无形资产？企业文化是否属于无形资产？为什么？

8. 对资产负债表的左方项目进行分析，其自上而下具有什么趋势？对资产负债表的右方项目进行分析，其自上而下具有什么趋势？

9. 你认为资产负债表中的哪些项目与利润表中的项目具有较密切的相关性？

10. 新时代的我们，为什么要了解红色会计历史、缅怀牺牲的会计英雄？

三、重点与难点

资产负债表是反映企业在某一特定日期财务状况的财务报表。它是根据"资产=负债+所有者权益"的会计等式，按照一定的分类标准和一定顺序，将企业一定时日的资产、负债和所有者权益项目予以适当排列，按照一定要求编制而成的。

资产负债表内各项目是按照流动性排列的。资产负债表立足于企业产权角度，反映了企业特定时日的财务状况。

资产负债表的作用主要表现在：揭示企业的资产总额及其分布；揭示企业的负债总额及其结构；了解企业的长、短期偿债能力和现金支付能力；预测企业的财务状况发展趋势。

我国企业的资产负债表采用账户式格式，又称为平衡式资产负债表。

账户式资产负债表的优点是能使资产和权益的恒等关系一目了然，尤其是易于比较流动资产和流动负债的对应关系。

一张完整的资产负债表应该包括三个部分：表首、正表和补充资料。

资产负债表的表首部分是报表的标志，应具有报表名称、编制单位、编制日期、金额单位及报表编号等五个要素。资产负债表是静态报表，编制日期应填列报告期末最后一天的日期。

资产负债表的正表部分是报表的主体，企业应按"期末余额""上年年末余额"分项目列示金额。资产类、负债类和所有者权益类各项目按流动性的高低顺序排列。

在资产负债表的后面，可以根据行业特点和报表充分揭示的需要，列有补充资料。补充资料是报表附注的重要内容，主要反映一些报表使用者需要了解，但在报表的基本部分无法反映或难以单独反映的信息内容。

对资产负债表进行分析，要对表中列示的项目进行阅读、理解与分析：

第一，要对资产类项目进行阅读与分析。重点分析的项目有：货币资金、交易性金融资产、应收票据、应收账款、其他应收款、存货、长期股权投资、投资性房地产、固定资产、无形资产等。

第二，要对负债类项目进行阅读与分析。重点分析的项目有：短期借款、应付票据、应付账款、应交税费、应付职工薪酬、长期借款、应付债券、长期应付款、预计负债等。

第三，要对所有者权益类项目进行阅读与分析。重点分析的项目有：实收资本、资本公积、盈余公积、未分配利润等。

在对资产负债表中各主要项目进行阅读、分析的基础上，通过编制比较会计报表，再对资产负债表进行分析，主要内容包括以下五个方面：

总量变动及其发展趋势分析。通过资产和权益总量的变动情况，分析其规模增长的速度是否合理，财务状况的发展趋势是否有利。

资产结构及其合理性分析。资产结构是指企业流动资产与非流动资产各主要项目占资产总额的比重。

对资产结构的合理性进行分析，可以看出企业的行业特点、经营特点和技术装备特点，工业企业的非流动资产往往大于流动资产，而商品流通企业的情况正好相反。在同一行业中，流动资产和负债较高的企业稳定性差，却较灵活；而那些非流动资产和自有资本占较大比重的企业资产基础较厚，但灵活性较差；长期股权投资较高的企业，金融利润和风险都高；无形资产持有多、增长快的企业，开发创新能力强；而固定资产折旧比例较高的企业，技术更新换代快。

资本结构及其稳健性分析。资本结构是指各种资本的构成及其比例关系。其实质是债务资本在资本结构中安排多大的比例。

对企业经营者而言，资本结构分析的主要目的是优化资本结构和降低资本成本。优化资本结构表现为吸收更多的权益资本，保持企业良好的财务形象，降低财务风险，以便更好地筹资和投资。企业在提高承担财务风险的能力的同时，还应尽量降低筹资成本。债务利息率通常低于股票股利率，而且债务利息在税前支付，企业可以少交所得税，使得债务筹资可以降低企业资本成本，发挥财务杠杆的作用。但同时也必须看到，它也会加大企业的财务风险。因此，只有在一定限度内合理提高债务资本的比例，才能在最大程度规避财务风险的同时降低综合资本成本。

偿债能力及其安全性分析。偿债能力是指企业按时偿还到期债务的能力。它是反映企业财务状况和企业资信力的重要标志。对偿债能力进行分析主要是通过对企业的短期偿债能力和长期偿债能力分别进行分析而完成的。在分析时要计算、比较、分析相应的财务比率。在对短期偿债能力进行分析时，要计算营运资金、流动比率、速动比率等指标；而对长期偿债能力进行分析时，要计算资产负债率和已获利息倍数等指标。

营运能力及其效率性分析。营运能力是指企业基于外部市场环境的约束，通过内部资源的配置组合对财务目标所产生的作用的大小。资产运营状况如何，直接关系到资本增值的程度。资产运营效率越高，获利能力就越强，资本增值就越快；反之，资产运营效率越低，获利能力就越弱，资本增值就越慢。营运能力指标包括：营业周期、存货周转率、应收账款周转率、流动资产周转率和总资产周转率等。在全部资产中，流动资产特别是其中的应收账款和存货两项，不仅流动性较强，而且最能体现企业的经营能力与管理效率。

对资产负债表进行分析是一个由表及里、由具体到抽象再到具体的分析过程。在这一过程中，既有定性分析，又有定量分析；既有对报表本身项目的分析，又有对与相关报表项目内容的依存关系的分析，只有灵活掌握这些技巧，才能真正看懂资产负债表。

四、主要公式

1. 营运资金=流动资产−流动负债

营运资金是企业的流动资产扣除流动负债后的差额，它反映企业用流动资产偿还了流动负债后，还有多少可用于生产经营。

2. 流动比率=$\dfrac{流动资产}{流动负债}$

流动比率是企业的流动资产与流动负债的比值，它表示企业流动资产对流动负债的保证倍数，即平均每元流动负债相应地有多少流动资产作保证。国际公认的标准为2，我国较好的标准为1.5。

3. 速动比率=$\dfrac{速动资产}{流动负债}$

速动资产=流动资产−存货−预付账款

速动比率是企业的速动资产与流动负债的比值，它表示企业速动资产对流动负债的保证倍数，即平均每元流动负债相应地有多少变现速度较快的速动资产作保证。国际公认的标准为1，我国较好的标准为0.9。

4. 资产负债率=$\dfrac{负债总额}{资产总额}×100\%$

资产负债率是企业的负债总额占资产总额的比率，它表示企业全部资产中，债务资本所占的比重。它是国际公认的反映企业偿债能力和经营风险的重要指标。不同行业的资产负债率有较大差异，比较理想的资产负债率一般在45%～60%。

5. 已获利息倍数=$\dfrac{息税前利润}{利息支出}=\dfrac{利润总额＋利息支出}{利息支出}$

已获利息倍数又称为利息保障倍数，是指企业息税前利润与利息支出之间的倍数关系，它表示企业以获取的利润承担借款利息的能力。通常适度就好。

6. 应收账款周转率（周转次数）=$\dfrac{赊销收入净额}{应收账款平均余额}$

赊销收入净额=营业收入−现销收入−销售退回、折让、折扣

应收账款平均余额=$\dfrac{期初应收账款余额＋期末应收账款余额}{2}$

应收账款周转率是指企业一定时期内赊销收入净额与应收账款平均余额的比率，用以反映应收账款的收款速度。

7. 存货周转率（周转次数）＝ $\dfrac{\text{营业成本}}{\text{存货平均余额}}$

存货平均余额＝ $\dfrac{\text{期初存货余额 ＋ 期末存货余额}}{2}$

存货周转率是指企业一定时期内营业成本与存货平均余额的比率。它是衡量企业销售能力和存货管理水平的指标。

五、备考演练

（一）单项选择题

1. 资产负债表是反映企业在某一特定日期（　　）的财务报表。

A. 财务状况 　　　　　　　　B. 经营成果

C. 现金流量 　　　　　　　　D. 所有者权益变化

2. 资产负债表内各项目是按照（　　）排列的。

A. 变现速度 　　　　　　　　B. 流动性

C. 盈利能力 　　　　　　　　D. 偿债能力

3. 变现能力最强的资产项目是（　　）。

A. 应收票据 　　　　　　　　B. 应收账款

C. 货币资金 　　　　　　　　D. 交易性金融资产

4. （　　）是指企业发生非购销活动产生的应收债权。

A. 应收票据 　　　　　　　　B. 应收账款

C. 交易性金融资产 　　　　　D. 其他应收款

5. 企业为了获取职工提供的服务而给予的各种形式的报酬以及其他相关支出统称为（　　）。

A. 应付工资 　　　　　　　　B. 应付福利费

C. 应付职工薪酬 　　　　　　D. 其他应付款

6. 我国的《企业法人登记管理条例》规定，除国家另有规定外，企业的（　　）应当与注册资本一致。

A. 未分配利润 　　　　　　　B. 盈余公积

C. 资本公积 　　　　　　　　D. 实收资本

7. 对资产负债表进行综合分析，一般采用的方法是首先（　　）。

A. 编制比较报表 　　　　　　B. 计算财务比率

C. 理解项目内涵 　　　　　　D. 进行综合评价

8. 下列指标中，（　　）不是反映企业偿债能力的指标。

A. 营运资金 　　　　　　　　B. 应收账款周转率

C.速动比率　　　　　　　　　　D.资产负债率

9.对（　　　）而言，资本结构分析的主要目的是优化资本结构和降低资本成本。

A.经营者　　　　　　　　　　　B.投资者

C.债权人　　　　　　　　　　　D.企业职工

10.国际公认标准为1的指标是（　　　）。

A.流动比率　　　　　　　　　　B.速动比率

C.资产负债率　　　　　　　　　D.存货周转率

（二）多项选择题

1.资产负债表的作用表现在（　　　）。

A.揭示资产总额及其分布　　　　B.揭示负债总额及其结构

C.了解偿还能力　　　　　　　　D.反映现金支付能力

E.预测财务状况发展趋势

2.一份完整的资产负债表通常由（　　　）组成。

A.表首　　　　　　　　　　　　B.正表

C.补充资料　　　　　　　　　　D.财务比率

E.分析报告

3.反映企业债权结算性质的项目主要有（　　　）。

A.应收票据　　　　　　　　　　B.应收账款

C.应收股利　　　　　　　　　　D.应收利息

E.其他应收款

4.生物资产是指有生命的动物和植物。根据生物资产的用途，可将其分为（　　　）。

A.酌量性生物资产　　　　　　　B.约束性生物资产

C.消耗性生物资产　　　　　　　D.生产性生物资产

E.公益性生物资产

5.可辨认的无形资产主要包括（　　　）。

A.专利权　　　　　　　　　　　B.商标权

C.著作权　　　　　　　　　　　D.人力资源

E.土地使用权

6.职工薪酬的内容主要包括（　　　）。

A.工资　　　　　　　　　　　　B.福利费

C.工会经费　　　　　　　　　　D.职工教育经费

E.各种奖金

7.资本公积有其特定的来源，主要包括（　　　）。

A.盈余公积转入   B.资本溢价

C.接受捐赠   D.汇率变动差额

E.从税后利润中提取

8.在下列指标中，反映企业营运能力的指标有（　　　）。

A.应收账款周转率   B.存货周转率

C.已获利息倍数   D.流动比率

E.速动比率

9.在下列指标中，反映企业偿债能力的指标有（　　　）。

A.营运资金   B.资产负债率

C.已获利息倍数   D.流动比率

E.速动比率

10.对资产负债表进行综合分析的具体内容包括（　　　）。

A.总量变动及其发展趋势分析   B.资产结构及其合理性分析

C.资本结构及其稳健性分析   D.偿债能力及其安全性分析

E.营运能力及其效率性分析

（三）判断题

1.资产负债表立足企业产权，能揭示企业在特定时日所持有的不同形态资产的价值存量，以及对不同债权人承担的偿债责任和投资人净资产的价值归属。

（　　）

2.资产负债表能反映企业生产的消耗水平及经营成果。 （　　）

3.我国的资产负债表采用的是账户式的格式。 （　　）

4.因为货币资金的流动性最强，所以对企业经营来说是越多越好。（　　）

5.预付账款体现的是一种商业信用和资金的无偿使用。 （　　）

6.国际公认的标准是：流动比率为1，速动比率为2。 （　　）

7.资本结构是指各种资本的构成及其比例关系，其实质是债务资本在资本结构中安排多大的比例。 （　　）

8.资产负债率是反映企业资产营运能力的重要指标。 （　　）

9.预计负债是因或有事项而确定的负债。 （　　）

10.盈余公积的数量越多，反映企业资本的积累能力、补亏能力、股利分配能力以及应对风险能力越强。 （　　）

（四）计算题

1.康达公司202×年年末的资产负债表简略形式见表2-1。

表 2-1 资产负债表（简表）

编制单位：康达公司　　　　　　　　202×年 12 月 31 日　　　　　　　　单位：元

资产	期末余额	负债和所有者权益	期末余额
货币资金	50 000	应付账款	
应收账款		其他应付款（应付股利）	50 000
存货		非流动负债	
固定资产	588 000	实收资本	600 000
		未分配利润	
资产总计	864 000	负债和所有者权益总计	

已知：

（1）期末流动比率 1.5；

（2）期末资产负债率 50%；

（3）本期存货周转率 4.5 次；

（4）本期营业成本 630 000 元；

（5）期末存货=期初存货。

要求：根据上述资料，计算并填列资产负债表空项。

2.美晨公司是一家经营文化用品的商业企业，2022 年主要报表数据整理如下：

（1）资产总额：年初数 627 680 元，年末数 876 700 元；

（2）流动资产：年初数 117 600 元，年末数 140 150 元；

（3）非流动负债：年初数 40 000 元，年末数 280 000 元；

（4）流动负债：年初数 56 600 元，年末数 59 000 元；

（5）存货：年初数 88 000 元，年末数 96 000 元，2021 年年初数 72 000 元；

（6）应收账款：年初数 24 000 元，年末数 38 000 元，2021 年年初数 16 000 元；

（7）赊销收入净额：2021 年 60 000 元，2022 年 108 500 元；

（8）营业成本：2021 年 96 000 元，2022 年 138 000 元。

要求：

（1）计算反映企业短期偿债能力的指标；

（2）计算反映企业长期偿债能力的指标；

（3）计算反映企业营运能力的指标。

（五）案例分析题

1. 资料计算题2，根据计算结果对美晨公司的基本财务状况作出分析评价。

2. 某企业资产负债表见表2-2。

表2-2   **资产负债表**   会企01表

编制单位：××公司   2022年12月31日   单位：元

资产	期末余额	上年年末余额	负债和所有者权益	期末余额	上年年末余额
流动资产：			流动负债：		
货币资金	1 510 000	1 450 000	短期借款	805 000	1 810 000
交易性金融资产	250 000	330 000	应付票据	230 000	160 000
应收票据	80 000	90 000	应付账款	1 280 000	950 000
应收账款	995 000	796 000	预收款项	140 000	124 000
预付款项	188 000	168 000	应付职工薪酬	180 000	210 000
其他应收款	46 000	30 000	应交税费	200 000	180 000
存货	2 900 000	2 400 000	其他应付款	198 000	153 000
一年内到期的非流动资产	75 600	70 000	一年内到期的非流动负债		
其他流动资产			其他流动负债		
流动资产合计	6 044 600	5 334 000	流动负债合计	3 033 000	3 587 000
非流动资产：			非流动负债：		
长期股权投资	1 000 000	2 000 000	长期借款	1 880 000	1 500 000
固定资产	10 450 000	9 500 000	应付债券	1 300 000	1 200 000
在建工程			长期应付款		
无形资产	450 000	300 000	非流动负债合计	3 180 000	2 700 000
长期待摊费用	80 000	100 000	负债合计	6 213 000	6 287 000
其他非流动资产			所有者权益：		
非流动资产合计	11 980 000	11 900 000	实收资本	9 400 000	8 600 000
			资本公积	800 000	800 000
			盈余公积	1 600 000	1 500 000
			未分配利润	11 600	47 000
			所有者权益合计	11 811 600	10 947 000
资产总计	18 024 600	17 234 000	负债和所有者权益总计	18 024 600	17 234 000

要求：

（1）编制比较会计报表；

（2）计算偿债能力指标；

（3）对企业财务状况作出分析评价。

项目三　利润表分析

一、学习目标

通过本项目的学习，了解利润表的性质与作用，熟悉利润表的格式与内容以及表中各要素之间的关系。具有对收入、费用和利润项目的阅读能力，熟练掌握其分析方法，能够对企业的经营成果作出正确的分析与评价。培养信息安全与风险防控意识，强化社会责任和民族自信。

二、预习要览

（一）关键概念

1. 营业收入　　　　　　　2. 营业成本

3. 税金及附加　　　　　　4. 营业利润

5. 管理费用　　　　　　　6. 财务费用

7. 资产减值损失　　　　　8. 公允价值变动收益

9. 利润总额　　　　　　　10. 净利润

11. 利润表　　　　　　　　12. 销售费用

（二）关键问题

1. 如何理解利润表的性质？通过对利润表及相关报表的分析，你将会得到哪些对决策有用的信息？

2. 什么是收入？如何确认收入？对收入类项目进行分析通常采用什么方式进行？

3. 从巴菲特的利润表情结中，你对财务人员的社会责任有哪些更深刻的理解？

4. 在项目一学过的基本方法中，你认为哪一种更适合对企业进行销售规模变动趋势的分析？哪一种更适合对企业经营质量进行分析？为什么？

5. 对管理费用的分析应注意哪些问题？

6. 对财务费用的分析应注意哪些问题？

7. 销售费用越多对企业扩大销售越有利吗？为什么？

8. 营业利润是构成企业当期净利润的主体，所以营业利润越多，企业当期的净利润也一定越多，你认为对吗？

9. 资产负债表与利润表有何异同？

10. 为什么说从上市公司的年报中能看出经济的发展态势？从我国上市公司2021年度的年报中，你看出了什么？

三、重点与难点

对利润表的分析，不仅能够了解企业的盈利能力和发展趋势，而且与资产负债表结合起来分析，还能评价企业的营运能力、发展能力以及长期偿债能力。同时，将利润表有关项目与现金流量表的净流量进行比较，还可以了解企业盈利与收现的真实性，判断企业当期实现利润的含金量。利润表的作用具体表现在五个方面：反映企业的盈利能力，评价企业的经营业绩；发现企业经营管理中的问题，为经营决策提供依据；揭示利润的变化趋势，预测企业未来的获利能力；帮助投资者和债权人作出正确的投资与信贷决策；为企业在资本市场融资提供重要依据。

利润表中各要素的经济含义必须学懂、记熟，即：

营业利润是指企业在生产经营活动中实现的经营性利润。

营业收入是指企业经营主要业务和其他业务所确认的收入总额。

营业成本是指企业经营主要业务和其他业务发生的成本总额。

税金及附加是指企业经营活动发生的消费税、城市维护建设税、资源税、教育费附加及房产税、城镇土地使用税、车船税、印花税等相关税费。

销售费用是指企业在销售商品过程中发生的包装费、广告费等费用和为销售本企业商品而专设的销售机构的职工薪酬、业务费等经营费用。

管理费用是指企业行政管理部门为组织和管理生产经营而发生的各项费用。

财务费用是指企业为筹集生产经营所需资金而发生的筹资费用。

资产减值损失是指企业各项资产由于减值而发生的损失。

公允价值变动收益是指企业按照相关准则规定应当计入当期损益的各项资产或负债，因公允价值变动所形成的净收益，如为净损失，以"-"号填列。

投资收益是指企业以各种方式对外投资所取得的净收益，如为净损失，以"-"号填列。

营业外收入是指企业发生的与其经营活动无直接关系的各项收入。

营业外支出是指企业发生的与其经营活动无直接关系的各项支出。

所得税费用是指企业根据所得税准则确认的应从当期利润总额中扣除的所得税支出。

净利润又称税后净利，它是以利润总额为基础减去所得税费用后的余额。如果为净亏损则以"-"号填列到利润表当中。净利润归属于企业所有者，因此，企业若实现净利润就增加了所有者权益，而发生净亏损则减少了所有者权益。

其他综合收益，是指企业根据企业会计准则的规定未在当期损益中确认的各项利得和损失。其他综合收益的税后净额项目应当根据相关会计准则的规定分为下列两类列报：

①以后会计期间不能重新分类计入损益的其他综合收益项目；

②以后会计期间在满足规定条件下将重新分类计入损益的其他综合收益项目。

综合收益，是指企业在某一期间除与所有者以其所有者身份进行的交易之外的其他交易或事项所引起的所有者权益变动。综合收益总额项目反映净利润和其他综合收益的税后净额相加后的合计金额。

对收入类项目进行阅读，必须明确下列内容：

收入是指企业在日常活动中形成的、会导致所有者权益增加的、与所有者投入资本无关的经济利益的总流入。收入主要包括商品销售收入、提供劳务收入和让渡资产使用权收入。

收入具有以下特点：

一是收入形成于企业的日常活动之中，而不是从偶发的交易或事项中产生的；

二是收入可能表现为企业资产的增加或负债的减少，或两者兼而有之；

三是收入能引起企业所有者权益的增加；

四是收入只包括本企业经济利益的流入，而不包括为第三方或客户代收的款项。

对收入项目的确认是收入项目阅读的基础。对收入类项目进行分析，主要是从营业收入构成变动分析、营业收入增减变动分析以及主营业务收入变动分析三个方面来进行。

对费用类项目进行阅读，必须明确下列内容：

费用是企业在日常活动中发生的、会导致所有者权益减少的、与向所有者分配利润无关的经济利益的总流出，表现为资产减少或负债增加而引起的所有者权益减少。费用包括的主要项目有：营业成本、税金及附加、销售费用、管理费用、财务费用、营业外支出、所得税费用等。

对费用项目的确认是费用项目阅读的基础。费用只有在经济利益很可能流出从而导致企业资产减少或者负债增加，并且经济利益的流出额能够可靠计量时才能予以确认。

对费用类项目进行分析，重点要做好对营业成本、税金及附加、销售费用、管理费用、财务费用及所得税费用六大项目的分析。

对利润项目进行阅读，应根据利润的形成过程，分别就营业利润、利润总额和净利润三大项目分层次进行。对利润项目进行分析，重点应放在营业利润上。这是因为，企业营业利润的多少，代表了企业的总体经营管理水平和效果。通常营业利润越大的企业，效益越好。在进行具体分析时，还应注意以下问题：

（1）营业利润不但包括了主营业务利润，而且还包括其他业务利润，所以当企业多元化经营、多种经营业务开展得较好时，其他业务利润会弥补主营业务利润低的缺陷，但如果企业其他业务利润长期高于主营业务利润，则企业应适当考虑产业结构的调整问题。

（2）关注其他业务利润的用途，是用于发展主营业务，还是用于非生产经营性消费。如果是前者，企业的盈利能力会越来越强；如果是后者，企业缺乏长远盈利能力。

当企业营业利润较小时，应着重分析主营业务利润的大小、多种经营的发展情况和期间费用的多少。如果企业主营业务利润和其他业务利润均较大，但期间费用较高，也会出现营业利润较小的情况，这时，就应重点分析销售费用、管理费用和财务费用项目。分析这几项费用的构成，找出费用居高的原因，严格控制和管理，通过降低费用提高营业利润。

对利润总额的分析，应根据利润表所反映的数据以及有关资料进行，侧重于根据组成利润总额的几个主要项目来进行比较分析。一般应从以下三个方面进行：

一是分析利润总额的增长与完成情况；

二是分析利润总额构成的变动情况；

三是对影响利润总额的各个组成部分进行分析。

企业的利润总额包括营业利润和营业外收支。在一般情况下，营业利润反映了企业正常生产经营活动的成果，而营业外收支项目则反映与其经营活动无直接关系的各项收入和支出。因此，应重点对营业外支出项目进行分析，着重检查是否严格按照国家规定的项目、范围和标准列支，是否违反了国家关于成本开支范围的规定，把应计入产品成本中的费用也挤到营业外支出中，从而在成本指标中造成虚假现象等。

通过对营业外收支的分析，可以补充说明企业工作的质量，揭露企业工作中的薄弱环节，并据以制定措施，改进工作。

一般情况下，营业利润是企业生产活动中的主营业务所得，它是利润总额的基本构成要素，在利润总额中占的比重应最大，而营业外收支等在利润总额中所占比重应较小。根据这个原则，在分析时，就要注意企业利润总额的构成是否符合上述情况。如果企业的利润总额是在扩大其他业务利润的基础上完成的，说明企业过多地从事基本生产经营活动以外的业务活动，若不是产品结构或经营方针进行重大调整，势必会妨碍企业的基本生产经营活动，所以，还应当结合企业的基本情况做进一步的分析，以查明原因。

企业的净利润等于利润总额减去所得税费用。在正常情况下，企业的非营业利润较少，所得税费用相对稳定，因此，只要营业利润较大，利润总额和净利润也会较高。在分析时应注意以下问题：

（1）如果企业的利润总额和净利润主要是由非营业利润获得，则该企业利润实现的真实性和持续性应引起财务分析人员的重视。

（2）如果企业的营业利润主要是由投资收益获得，应肯定以前的投资决策是正确的，但要分析内部经营管理存在的问题，以提高企业内部生产经营活动的创新能力。

净利润是企业在一定时期实现的完全属于股东所有的经营成果，它不仅包括经营性盈利，而且还包括投资、资本运作等理财性盈利和非经常性损益，因此，净利润的增减变动是利润表上所有项目增减变动的综合结果。在对营业利润和利润总额初步分析的基础上，分析净利润的增减变动及其构成时，应将分析的重点放在本期净利润增减变动的主要项目上，尤其应分清经营性、经常性损益项目的影响和非经营性及非经常性损益项目的影响。

对企业来讲，经营性的营业利润必须是构成净利润的最重要部分，其金额应远远高于非经营性损益项目金额；反之，则企业正常的生产经营能力和生存能力令人怀疑。这一点在分析时应尤为重视。

对净利润分析的内容，包括对形成净利润的各项目的增减变动及其结构变动的分析和对其中变动差异较大的重点项目的分析。

对利润表的综合分析，主要包括对利润增减变动的分析和对利润构成变动的分析。前者通过编制比较分析报表中的水平分析表来进行，而后者通过编制比较分析报表中的垂直分析表来进行。在对利润表进行综合分析时，既要关注企业经营过程本身的变化，又要关注各项目变动与其相关报表之间的勾稽关系，更要关注行业背景及国家产业政策、宏观经济政策的变化等诸多影响因素。

四、主要公式

1. $\text{营业利润}=\text{营业收入}-\text{营业成本}-\text{税金及附加}-\text{销售费用}-\text{管理费用}-\text{财务费用}+\text{投资收益}+\text{公允价值变动收益}-\text{信用减值损失}-\text{资产减值损失}+\text{资产处置收益}$

2. 利润总额=营业利润+营业外收入−营业外支出

3. 净利润=利润总额−所得税费用

4. 综合收益总额=净利润+其他综合收益的税后净额

5. $\text{利润总额计划完成程度}=\dfrac{\text{实际利润总额}}{\text{计划利润总额}}\times100\%$

6. 本年利润较上年增长额=本年利润总额−上年利润总额

7. $\text{利润增长率}=\dfrac{\text{利润增长额}}{\text{上年利润总额}}\times100\%$

五、备考演练

（一）单项选择题

1.利润表是反映企业在一定会计期间（　　）的财务报表。

A.经营成果　　　　　　　　　　B.财务状况

C.现金流量　　　　　　　　　　D.所有者权益变动

2.（　　）是构成企业最终财务成果的最主要因素。

A.利润总额　　　　　　　　　　B.营业利润

C.净利润　　　　　　　　　　　D.投资净收益

3.我国企业的利润表一般采用（　　）格式。

A.账户式　　　　　　　　　　　B.报告式

C.多步式　　　　　　　　　　　D.单步式

4.为销售本企业商品而专设的销售机构的职工薪酬应计入（　　）。

A.财务费用　　　　　　　　　　B.营业外支出

C.管理费用　　　　　　　　　　D.销售费用

5.企业按照相关准则的规定而应当计入当期损益的各项资产或负债公允价值变动的净收益或净损失，应计入（　　）。

A.营业外支出　　　　　　　　　B.资产减值损失

C.公允价值变动　　　　　　　　D.投资净收益

6.（　　）是指企业在日常活动中形成的，会导致所有者权益增加的，与所有者投入资本无关的经济利益的总流入。

A.主营业务收入　　　　　　　　B.投资收益

C.劳务收入　　　　　　　　　　D.收入

7.对（　　）项目进行分析时，应注意其计算的准确性和缴纳的及时性。

A.税金及附加　　　　　　　　　B.投资收益

C.公允价值变动　　　　　　　　D.净利润

8.（　　）支出应计入管理费用，而且要根据其发生额与当期营业收入的比例关系，将超标准支付部分进行纳税调整。

A.所得税费用　　　　　　　　　B.业务招待费

C.职工教育经费　　　　　　　　D.修理费

9.（　　）不仅包含主营业务利润，而且包含其他业务利润。

A.营业收入　　　　　　　　　　B.利润总额

C.净利润　　　　　　　　　　　D.营业利润

10.每股收益是（　　）中的项目。

A.资产负债表 B.利润表

C.现金流量表 D.所有者权益变动表

(二) 多项选择题

1.下列各项目中，属于利润表内容的有 (　　)。

A.递延所得税资产 B.资产减值损失

C.投资收益 D.每股收益

E.经营活动现金流量

2.对利润表项目进行阅读与分析应主要对 (　　) 进行阅读与分析。

A.收入类项目 B.费用类项目

C.利润类项目 D.工时消耗

E.品种结构

3.从销售费用的基本构成及功能看，有些与企业的业务规模有关，它们是 (　　)。

A.运输费 B.包装费

C.保险费 D.销售佣金

E.展览费

4.对利润项目的阅读与分析，主要包括 (　　)。

A.营业收入 B.投资收益

C.营业利润 D.利润总额

E.净利润

5.如果企业的 (　　) 主要由非营业利润获得，则该企业利润实现的真实性和特殊性应引起报表分析人员的重视。

A.利润总额 B.净利润

C.营业利润 D.投资收益

E.公允价值变动

6.已获利息倍数的大小与 (　　) 因素有关。

A.营业利润 B.利润总额

C.净利润 D.利息支出

E.所得税费用

7.对利润总额进行分析，主要侧重于对组成利润总额的 (　　) 项目进行比较分析。

A.营业利润 B.营业外收入

C.营业外支出 D.营业收入

E.所得税费用

8.对净利润分析的内容，包括对形成净利润的 (　　) 等方面的分析。

A.营业外支出　　　　　　　　　B.资产减值损失

C.各项目的增减变动　　　　　　D.各项目的结构变动

E.变动较大的重点项目

9.利润表的作用表现在（　　　）方面。

A.发现管理中的问题　　　　　　B.评价经营业绩

C.揭示利润变动趋势　　　　　　D.帮助投资人决策

E.为企业融资提供依据

10.财务费用是指企业为筹集生产经营所需资金而发生的各项费用，具体包括（　　　）。

A.利息支出　　　　　　　　　　B.汇兑损失

C.手续费　　　　　　　　　　　D.所得税费用

E.职工教育经费

（三）判断题

1.利润表是反映企业在一定会计期间经营成果的静态时点报表。　　（　　　）

2.利润表中体现的企业盈利能力的大小和实现净利润的高低，是企业能否在资本市场上融资以及影响融资规模的重要依据。　　（　　　）

3.利润表的表首是利润表的主体部分，它能反映企业收入、费用和利润各项目的内容及相互关系。　　（　　　）

4.职工教育经费计入企业当期的管理费用。　　（　　　）

5.技术开发费计入企业当期的销售费用。　　（　　　）

6.当企业营业利润较小时，应着重分析主营业务利润的大小、多种经营的发展情况以及期间费用的多少。　　（　　　）

7.如果企业的营业利润主要来源于投资收益，则应肯定企业以前的投资决策的正确性，但要分析企业内部管理存在的问题，以提高企业经营活动内在的创新能力。　　（　　　）

8.对利润表的综合分析，要通过编制比较会计报表分别做利润增减变动的分析和利润构成变动的分析。　　（　　　）

9.基本每股收益是净利润的抵减项目。　　（　　　）

10.对利润总额的构成情况进行分析，应重点突出对营业外支出项目的分析。　　（　　　）

（四）计算题

1.根据晨光公司2021年和2022年收入类各项目的数据资料，计算相关数据并填列在表3-1中，并对该公司的收入情况作出简要分析。

表 3-1　　　　　　　晨光公司 2021 年和 2022 年收入类各项目数据资料表

项目	2021 年		2022 年		差异	
	金额（万元）	比重（%）	金额（万元）	比重（%）	金额（万元）	比重（%）
主营业务收入	92 825.7		108 253.8			
其他业务收入	26 947.6		22 065.3			
投资收益	105.2		1 513.0			
营业外收入	395.7		572.2			
收入合计	120 274.2		132 404.3			

2.根据以下资料，计算 A 公司资产负债表和利润表的空缺值（见表 3-2 和表 3-3）。

表 3-2　　　　　　　　　　　　资产负债表（简表）

编制单位：A 公司　　　　　　　202×年 12 月 31 日　　　　　　　单位：万元

资产	金额	负债和所有者权益	金额
货币资金		流动负债	
应收票据	50	非流动负债（占负债的10%）	
应收账款		负债合计	
存货		实收资本	300
流动资产合计		资本公积	100
固定资产		盈余公积	400
		未分配利润	200
		所有者权益	1 000
资产总计		负债和所有者权益总计	

表 3-3　　　　　　　　　　　　利润表（简表）

编制单位：A 公司　　　　　　　202×年度　　　　　　　单位：万元

项目	金额
营业收入	
营业成本	
营业毛利	800

续表

项目	金额
管理费用	
财务费用（公司债券利息）	
利润总额	
所得税费用（25%）	
净利润	

（1）产权比率=负债÷所有者权益=1/2；

（2）应收账款平均收账期27天，期初应收账款余额260万元；

（3）存货周转率8次，期初存货余额430万元；

（4）已获利息倍数20倍；

（5）毛利率20%；

（6）速动比率1.4；

（7）管理费用占营业收入的10%。

（五）案例分析题

佰俐公司202×年度利润表见表3-4。

表3-4　　　　　　　　　　　　　利润表（简表）

编制单位：佰俐公司　　　　　　　　202×年度　　　　　　　　　　单位：万元

项目	本期金额	上期金额
一、营业收入	21 000	18 600
减：营业成本	12 200	10 700
税金及附加	1 200	1 080
销售费用	1 900	1 620
管理费用	1 000	800
财务费用	300	200
加：投资收益	300	300
二、营业利润	4 700	4 500
加：营业外收入	150	100
减：营业外支出	650	600

续表

项目	本期金额	上期金额
三、利润总额	4 200	4 000
减：所得税费用（25%）	1 050	1 000
四、净利润	3 150	3 000

要求：

（1）编制比较会计报表；

（2）对该公司202×年度的经营成果作出分析评价。

项目四　现金流量表分析

一、学习目标

通过本项目的学习，掌握现金及现金流量的概念与内容，明确利润与现金流量的关系，了解现金流量表在企业经营管理中的重要作用，掌握现金净流量的计算方法和表内重要项目的分析方法，能够综合运用各种分析方法，对企业现金流量的变动情况作出全面、客观的分析，并对未来现金流量的变动趋势作出准确的判断与预测。树立现金为王的财务理念，培养遵纪守法、稳健经营的职业素养。

二、预习要览

（一）关键概念

1. 现金　　　　　　　　　　2. 现金等价物

3. 现金流量表　　　　　　　4. 企业收益质量

5. 现金流量的结构分析　　　6. 现金到期债务比

7. 现金获利能力　　　　　　8. 全部资产现金回收率

9. 净收益营运指数　　　　　10. 现金营运指数

（二）关键问题

1. 为什么说"现金是企业的血液"？在现金流量表中你能了解到哪些对决策有用的信息？

2. 现金流量表与资产负债表、利润表的异同表现在哪些方面？

3. 从中国抗击新冠病毒的战役中，你对现金流量表又加深了哪些理解？

4. 用图的形式描述"四大"主要会计报表之间的勾稽关系。

5. 根据现金流量表提供的信息，如何判断企业经营活动的收益质量？

6. 为什么说财务工作者要服务于企业的高质量发展、维护社会经济秩序的稳定，就必须牢牢树立"现金为王"的稳健财务理念？

7. 对现金流量表进行综合分析通常应包括哪些内容？

8. 对现金流量表进行分析，为什么要使用自由现金流指标？

9. 对资产负债和现金流量表进行分析时，都涉及偿债能力的分析，你认为哪一个更客观、真实、有说服力？为什么？

10. 现金流量的比率分析具体包括哪些常用的指标？如何计算与评价？

三、重点与难点

现金是企业的血液，企业发生的任何经营活动都始于现金而终于现金。现金流量表就是以现金为基础编制的，反映企业在一定会计期间现金和现金等价物流入和流出情况的财务报表。这里的现金是指企业的库存现金以及可以随时用于支付的存款，具体包括库存现金、银行存款和其他货币资金。现金等价物是指企业持有的期限短、流动性强、易于转换为已知金额现金、价值变动风险很小的投资，如自购买之日起3个月内到期的短期债券。

现金流量表是以现金为基础编制的，它是对资产负债表和利润表的重要补充。编制现金流量表，可以为报表使用者提供企业现金流入和流出的数量，揭示其变动的原因；分析现金流量表，可以了解和评价企业在一定时期内的支付能力、偿债能力、周转能力以及获取现金的能力，并据以预测未来的现金流量，也有助于分析企业的收益质量和影响现金净流量的因素，以便对企业整体的财务状况和生存质量作出全面、准确的评价，为报表使用者提供最权威的、对决策有用的信息。

现金流量表的核心是现金流量，要进行现金流量分析，首先要了解现金流量及其分类。通常按照企业经营业务发生的性质，将企业一定时期内产生的现金流量归为三类，即经营活动产生的现金流量、投资活动产生的现金流量、筹资活动产生的现金流量。

根据《企业会计准则第31号——现金流量表》第四条的规定，现金流量表应当分经营活动、投资活动和筹资活动三大类列报现金流量，每一类又进一步分为现金流入、现金流出及现金流量净额。现金流量表的基本格式应包括以下三个部分，即表头、基本部分（正表）、补充资料。

按照现行《企业会计准则应用指南》的规定，现金流量表的补充资料是财务报表附注中必须披露的主要内容。

了解现金流量表的勾稽关系是正确理解和准确分析现金流量表的基础。现金流量表的勾稽关系既包括报表本身项目内容之间的勾稽关系，又包括现金流量表与其他主要财务报表之间的勾稽关系，如图4-1所示。

对现金流量表的分析包括对现金流量表项目的阅读与分析及对现金流量表的综合分析两部分。

对现金流量表项目的阅读与分析，是全面评价企业收益质量的基础，具体包括：对经营活动现金流量的阅读与分析、对投资活动现金流量的阅读与分析、对筹资活动现金流量的阅读与分析。而每一部分又分为现金流入量的分析和现金流出量的分析。

```
2021年12月31日 ──────→ 2022年度 ──────→ 2022年12月31日
资产负债表              利润表               资产负债表
  资产  负债            收入  费用             资产  负债
 所有者权益             利润               所有者权益
 反映财务状况          反映经营成果          反映财务状况
                          ↓
                  所有者权益变动表
                          ↓
                      现金流量表
                    （反映资金流转）
```

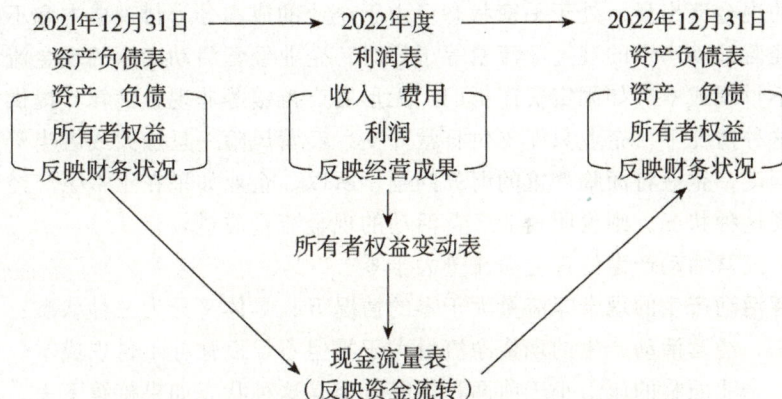

图4-1　现金流量表与其他主要财务报表之间的勾稽关系

经营活动现金流入量分析的重点项目是销售商品、提供劳务收到的现金；经营活动现金流出量分析的重点项目是购买商品、接受劳务支付的现金；经营活动产生的现金流量净额可以从两个方面进行分析：利用主表资料进行分析和利用补充资料将净利润调节为经营活动的现金流量进行分析；在此基础上，对经营活动产生的现金流量进行质量分析。

现金流量质量是指企业的现金流量能够按照企业的预期目标进行运转的质量。经营活动产生的现金流量一方面应体现企业发展的战略要求，另一方面应与企业经营活动产生的利润有一定的对应关系，能为企业的扩张提供现金流量的支持。

经营活动产生的现金流量质量可以从以下三方面进行分析：

（1）经营活动产生的现金净流量小于零

这种情况是企业通过正常的购销活动带来的现金流入量，不足以应付因上述经营活动而引起的现金流出。在企业成长阶段，由于生产阶段的各个环节尚不完善，同时，为了开拓市场需投入大量资金，将自己的产品推向市场，从而有可能使企业在这一时期经营活动现金净流量小于零，这是企业在发展过程中不可避免的正常现象。但是，如果企业在正常生产经营期间仍然出现这种状况，则说明企业经营活动产生的现金流量质量不高。因为在这种情况下，企业必须采用一定手段向外筹措资金，来补充资金周转上现金的不足，而这时企业的筹资能力是有限的。

经营活动现金流量的不足，可以有多种解决途径，如可以消耗企业现存的货币积累；挤占本来可以用于投资活动的现金、推迟投资活动的进行；进行额外贷款融资；拖延债务支付或者加大经营活动中的负债规模等。

（2）经营活动产生的现金净流量等于零

这种情况是企业通过正常的购销活动带来的现金流入量，刚好能补充经营活动引起的现金流出量，处于平衡状态。由于企业的成本分为付现成本和不付现成本，当经营活动产生的现金净流量等于零时，企业经营活动产生的现金流量就不可能为不付现成本（如固定资产折旧、无形资产摊销等非现金消耗）提供货币补偿。在这种情况下，企业只能支付日常开支，经营风险一旦加大或者当资产消耗到一定程度，企业将面临严重的财务问题。所以，企业如果在正常生产经营期间持续出现这种状况，则说明企业经营活动的现金流量质量较差。

（3）经营活动产生的现金净流量大于零

经营活动产生的现金净流量大于零的情况下，具体又分为三种状态：

第一，经营活动产生的现金净流量大于零但不足以弥补不付现成本。在这种情况下，企业面临的压力小于前两种情况，但是这种状态如果持续下去，从长远分析，企业经营活动产生的现金净流量仍然不可能维持经营活动的简单再生产。

第二，经营活动产生的现金净流量大于零并刚好能弥补当期的不付现成本。在这种情况下，企业在经营活动方面的现金流量的压力得到缓解，但企业经营活动产生的现金流量不能为企业发展提供资金来源。

第三，经营活动产生的现金净流量大于零并在弥补不付现成本后仍有剩余。这种状态是企业经营活动现金流量运行的良好状态。这种状态说明，企业购销活动带来的现金流量，不仅能弥补经营活动中的全部成本，而且还能为企业的投资活动提供现金流量的支持。如果持续这种状态，将对企业经营活动的发展、投资规模的扩大起到积极的推动作用。

投资活动现金流入量分析的重点项目是收回投资收到的现金和取得投资收益收到的现金；投资活动现金流出量分析的重点项目是购建固定资产、无形资产和其他长期资产支付的现金和投资支付的现金。在此基础上，计算出投资活动产生的现金净流量，并对其质量进行分析。投资活动产生的现金净流量质量可以从以下两个方面进行分析：

第一，投资活动产生的现金净流量小于零。这种情况是指企业在购建固定资产、无形资产和其他长期资产，进行权益性投资和债权性投资等方面所支付的现金之和，大于企业因收回投资，分得股利或利润，取得债券利息收入，处置固定资产、无形资产和其他长期资产而收到的现金之和。对于这种情况，应分析企业投资是否与企业发展阶段、企业长期规划及短期计划相吻合，以判断现金流量的质量。

对于投资活动的现金流入量小于现金流出量的资金缺口，可以通过以下途径加以解决：消耗企业现存的货币资金；挤占本来可以用于经营活动的现金；进行额外贷款；利用经营活动积累的现金进行补充；在没有贷款融资渠道的条件下，拖延债务支付。

第二，投资活动产生的现金净流量大于或等于零。这种情况是指企业在投资活动方面的现金流入量大于或等于现金流出量。这种情况的发生,或者是由于企业投资活动回收的规模大于投资支出的规模,这是比较好的现象;或者是由于企业在经营活动与筹资活动方面急需资金而不得不处理手中的长期资产,对这种情况必须予以关注。

筹资活动现金流入量分析的重点项目是吸收投资收到的现金和取得借款收到的现金;筹资活动现金流出量分析的重点项目是偿还债务支付的现金以及分配股利、利润或偿付利息支付的现金。在此基础上,计算出筹资活动产生的现金净流量,并对其质量进行分析。筹资活动产生的现金净流量质量可以从以下两个方面进行分析:

第一,筹资活动产生的现金净流量小于零。这种情况是指筹资活动的现金流入量小于现金流出量。这种情况的出现,或者是因为企业在本会计期间集中发生偿还债务、支付筹资费用、分配股利或利润、偿还利息、融资租赁等业务;或者是因为企业经营活动与投资活动在现金流量方面运转较好,有能力完成上述支付。但是,企业筹资活动产生的现金净流量小于零,也可能是企业在投资和扩张方面没有更好的作为的一种表现。

第二,筹资活动产生的现金净流量大于或等于零。这种情况是指筹资活动的现金流入量大于或等于筹资活动的现金流出量。在企业处于起步阶段,扩大投资需要大量资金,以及企业经营活动的现金净流量小于零的情况下,企业的现金流量主要靠筹资活动解决。因此,分析企业筹资活动产生的现金净流量大于或等于零是否正常,关键要看企业的筹资活动是否已经纳入企业的发展规划,是企业管理当局以扩大投资为目标形成的,还是由于企业因投资活动和经营活动的现金流出失控而形成的。

汇率变动也会对企业的现金流量产生影响。汇率变动对现金流量的影响,应作为调节项目,在现金流量表中单独列示。调增数增大现金净流量,调减数抵减现金净流量。将经营活动、投资活动、筹资活动产生的现金净流量与汇率变动对现金流量的影响数相加,得出企业当期的现金及现金等价物净增加额。而上述四部分的流动过程、内在构成及产生的结果决定了企业当期现金流量的规模及收益的质量。

在对现金流量表的项目进行阅读与分析的基础上,再对现金流量进行综合分析。企业经营活动、投资活动和筹资活动产生的现金流量净额,都有可能出现正数或负数的情况,三者的组合共有八种情形。不同的组合,反映出不同的现金流量质量。对这三个方面的正负构成情形进行分析,可以较全面地了解企业的经营状况和财务风险,进而对企业现金流量的质量作出客观、准确的评价。当经营活动现金流量净额为正数时,一般表明企业处于良性的生产经营状况,有能力继续发展,特别是当经营活动现金净流量是正数,投资活动现金净流量是负数,筹资活动现金净流量正、负数相间时，通常表明企业正处于健康发展的成长阶段；反之，当经营活动现金净流量为负数时，无论其投资活动、筹资活动的现金流量状况如何，企业都处于财务风险较大的危险境地。现金是企业的"血液"，而经营活动产生的现金净流量源于企业自身的"造血机能"。它不仅能为投资活动提供资金保障，更能为企业偿还债务、支付股利和强化生成现金的"造血机制"提供动力。因此，在阅读现金流量表时，经营活动的现金流量最值得关注。在分析企业的财务形势时，将经营活动的现金流量与其他报表项目的有关信息进行比较，计算财务比率指标，借以全面分析企业的财务状况就更值得报表使用者去把握。

对现金流量表进行比率分析，重点侧重于对企业偿债能力的分析和获取现金能力的分析。分析企业的偿债能力通常要计算现金到期债务比、现金流动负债比和现金债务总额比三个指标；分析企业获取现金能力通常要计算销售（或营业）现金比率、每股营业现金净流量、全部资产现金回收率和现金获利能力四个指标。

企业经营成果和财务状况的好坏，很大程度上不是取决于收益规模的增长，而是取决于收益质量的提高。

决定收益质量的因素有很多，但最主要的因素有三个：

一是会计政策的选择。企业选择会计政策的态度，往往决定了收益质量的高低。通常情况下，采取稳健的态度选择会计政策会比采取乐观的态度选择会计政策所带来的收益质量更高。

二是会计政策的运用。企业如果运用会计政策的自由决定权来操纵报告期的利润水平，必然会使其收益与实际业绩的相关性降低，从而降低收益质量。

三是收益与经营风险的关系。通常情况下，经营风险越大，收益的稳定性越差，收益质量也就越低。

收益质量的分析涉及资产负债表、利润表和现金流量表的分析，内容繁杂，指标众多，站在阅读和分析现金流量表的角度评价收益质量，主要观测点应放在净收益营运指数和现金营运指数两个指标上。无论是净收益营运指数还是现金营运指数的分析，通常都需要使用连续若干年的数据，仅仅靠一年的数据未必能说明问题。

对现金流量表进行综合分析，除上述内容外，还应包括对现金流量的结构分析。现金流量的结构分析是指将现金流量表中某一项目的数字作为基数（即100%），再计算出该项目各个组成部分占总体的百分比，以分析各项目的具体构成，使各个组成部分的相对重要性明显地表现出来，从而揭示现金流量表中各个项目的相对地位和总体结构关系，用以分析现金流量的增减变动情况和发展趋势，具体包括如下内容：

1. 现金流入的结构分析

现金流入的结构分析分为总流入结构分析和三项活动（经营活动、投资活动、筹资活动）流入的内部结构分析。它能反映企业各项业务活动的现金流入在全部现金流入中的比重，以及各项业务活动中现金具体项目的构成情况，明确企业的现金究竟来自何方，要增加现金流入主要依靠什么等信息。

2. 现金流出的结构分析

现金流出的结构分析分为总流出的结构分析和三项活动流出的内部结构分析。它能反映企业各项业务活动发生的现金流出在总流出中的比重，以及各项支出的构成情况，具体地反映企业的现金用在哪些方面，进而懂得要节约开支应从哪些方面入手。

3. 现金净流量的结构分析

现金净流量结构是指经营活动、投资活动、筹资活动产生的现金净流量以及汇率变动对现金及现金等价物影响的现金收支净额占全部现金净流量的比重，它能反映企业现金净流量的形成渠道与分布状态，进而揭示出导致目前现金流量状况的有关原因，为进一步分析现金净流量的增减变动因素指明方向。

通过对现金流量的结构分析，综合分析企业现金流量的增减变动情况和发展趋势。

四、主要公式

1.
$$\begin{aligned}\text{销售商品、提供}\atop\text{劳务收到的现金}\end{aligned} = \begin{aligned}\text{当期销售商品或提供}\atop\text{劳务收到的现金}\end{aligned} + \begin{aligned}\text{当期收到现金的}\atop\text{应收账款}\end{aligned} + \begin{aligned}\text{当期收到现金的}\atop\text{应收票据}\end{aligned} + \begin{aligned}\text{当期发生的}\atop\text{预收账款}\end{aligned}$$
$$+ \begin{aligned}\text{当期因销售退回}\atop\text{而支付的现金}\end{aligned} + \begin{aligned}\text{当期收回前期核销}\atop\text{坏账损失的现金}\end{aligned}$$

2.
$$\begin{aligned}\text{购买商品、接受劳务}\atop\text{支付的现金}\end{aligned} = \begin{aligned}\text{当期购买商品、接受劳务}\atop\text{支付的现金}\end{aligned} + \begin{aligned}\text{当期付现的}\atop\text{应付账款}\end{aligned} + \begin{aligned}\text{当期付现的}\atop\text{应付票据}\end{aligned} +$$
$$\begin{aligned}\text{当期预付的}\atop\text{账款}\end{aligned} - \begin{aligned}\text{当期因进货退回}\atop\text{收到的现金}\end{aligned}$$

3.
$$\begin{aligned}\text{现金及现金}\atop\text{等价物净增加额}\end{aligned} = \begin{aligned}\text{现金流入}\atop\text{小计}\end{aligned} - \begin{aligned}\text{现金流出}\atop\text{小计}\end{aligned}$$

$$= \begin{aligned}\text{经营活动产生的}\atop\text{现金流量净额}\end{aligned} + \begin{aligned}\text{投资活动产生的}\atop\text{现金流量净额}\end{aligned} + \begin{aligned}\text{筹资活动产生的}\atop\text{现金流量净额}\end{aligned} + \begin{aligned}\text{汇率变动对}\atop\text{现金及现金等}\atop\text{价物的影响额}\end{aligned}$$

$$= \begin{aligned}\text{现金及现金}\atop\text{等价物的期末余额}\end{aligned} - \begin{aligned}\text{现金及现金}\atop\text{等价物的期初余额}\end{aligned}$$

4. $\text{现金到期债务比} = \dfrac{\text{经营现金净流量}}{\text{本期到期的债务}}$

本期到期的债务，是指本期到期的长期债务和应付票据。通常这两种债务是不能延期支付的，必须如数偿还。该比率越高，则偿债能力越好。

5.现金流动负债比=$\dfrac{经营现金净流量}{流动负债}$

经营活动的现金净流量（即经营现金净流量）与流动负债的比率，可以反映流动负债所能得到的现金保障程度，或企业获得现金偿付短期债务的能力。这个比率越大，说明企业短期偿债能力越强。

6.现金债务总额比=$\dfrac{经营现金净流量}{债务总额}$

经营活动的现金净流量与债务总额（包括流动负债和非流动负债）的比率，可以反映企业用每年的经营活动现金净流量偿付所有债务的能力。这个比率越大，说明企业承担债务的能力越强。

7.销售（或营业）现金比率=$\dfrac{经营现金净流量}{销售收入（或营业收入）}$

该比率可以反映出平均每实现1元钱的销售收入（营业收入）所能提供的现金净流量是多少。将该比率与同行业的水平相比，可以评价公司获取现金能力的强弱；与历史水平相比，可以评价企业获取现金能力的变化趋势。该比率越大越好。

8.每股营业现金净流量=$\dfrac{经营现金净流量}{流通在外的普通股股数}$

该比率可以反映出每股流通在外的普通股对应的现金流量是多少。这个比率越大，说明企业进行资本支出和支付股利的能力越强。此外，该指标还能反映出企业最大的分派股利能力，超过此限度，就要借款分红。

9.全部资产现金回收率=$\dfrac{经营现金净流量}{全部资产总额}$

该比率可以反映出企业运用全部资产获取现金的能力。将该指标与同行业水平相比，可以评价每元资产获取现金的能力在同行业竞争中所处的位置；与本企业历史水平相比，可以看出企业获取现金能力的变化趋势。

10.现金获利能力=$\dfrac{经营现金净流量}{净利润}$

该比率反映经营活动的现金净流量与当期净利润的差异程度，即当期实现的一元净利润中有多少现金作保证。

11.净收益营运指数=$\dfrac{经营活动净收益}{净利润}=\dfrac{净利润-非经营收益}{净利润}$

通过对净收益营运指数的历史比较和同行业比较，可以更全面地评价一个企业的收益质量。该指标越高，说明企业的收益质量越好。

12.现金营运指数=$\dfrac{经营现金净流量}{经营现金毛流量}$

经营现金净流量=经营活动现金流量净额+非经营所得税

经营现金毛流量=经营活动净收益+折旧与摊销

大于1的现金营运指数，说明收益质量提高。如果现金营运指数小于1，说明营运资金增加，反映出企业为取得同样的收益占用了更多的营运资金，代表着较差的营运业绩。

五、备考演练

（一）单项选择题

1.（　　）是指企业持有的期限短、流动性强、易于转换为已知金额现金、价值变动风险很小的投资。

A.现金　　　　　　　　　　B.现金等价物

C.短期投资　　　　　　　　D.应收票据

2.现金流量表是以（　　）为基础编制的。

A.现金　　　　　　　　　　B.经营活动

C.筹资活动　　　　　　　　D.投资活动

3.现金流量表是按照（　　）编制的。

A.权责发生制　　　　　　　B.收付实现制

C.历史成本　　　　　　　　D.公允价值

4.现金流量表的核心是（　　）。

A.经营活动　　　　　　　　B.投资活动

C.筹资活动　　　　　　　　D.现金流量

5.企业当期收到的税费返还应列入现金流量表中的（　　）现金流入量。

A.经营活动　　　　　　　　B.投资活动

C.筹资活动　　　　　　　　D.汇率变动影响

6.处置固定资产、无形资产和其他长期资产收回的现金净额应计入（　　）现金流入量。

A.经营活动　　　　　　　　B.投资活动

C.筹资活动　　　　　　　　D.汇率变动影响

7.分配股利、利润或偿付利息支付的现金应计入（　　）现金流出量。

A.经营活动　　　　　　　　B.投资活动

C.筹资活动　　　　　　　　D.汇率变动影响

8.将净利润调整为经营活动现金流量时，应以净利润为基础（　　）资产减值准备、固定资产折旧等。

A.加　　　　　　　　　　　B.减

C.乘　　　　　　　　　　　　　　D.除

9.现金到期债务比的分子是（　　　）。

A.流动负债　　　　　　　　　　　B.债务总额

C.到期债务　　　　　　　　　　　D.经营现金净流量

10.现金获利能力的分母是（　　　）。

A.全部资产总额　　　　　　　　　B.营业收入

C.流通在外的普通股股权　　　　　D.净利润

（二）多项选择题

1.现金流量的结构分析包括的内容有（　　　）。

A.现金流入的结构分析　　　　　　B.现金流出的结构分析

C.现金净流量的结构分析　　　　　D.汇率变动的结构分析

E.总流量的结构分析

2.对企业收益质量进行分析，通常需要计算（　　　）指标。

A.现金到期债务比　　　　　　　　B.净收益营运指数

C.全部资产现金回收率　　　　　　D.现金营运指数

E.现金获利能力

3.决定企业收益质量的因素有很多，但最主要的因素有（　　　）。

A.现金流量的结构　　　　　　　　B.现金流量的规模

C.会计政策的选择　　　　　　　　D.会计政策的运用

E.收益与经营风险的关系

4.运用现金流量表中的信息分析企业的偿债能力，通常采用的指标有（　　　）。

A.现金到期债务比　　　　　　　　B.现金流动负债比

C.现金债务总额比　　　　　　　　D.销售（或营业）现金的比率

E.每股营业现金净流量

5.运用现金流量表中的信息分析企业获取现金的能力，通常采用的指标有（　　　）。

A.全部资产现金回收率　　　　　　B.现金获利能力

C.每股收益　　　　　　　　　　　D.销售（或营业）现金的比率

E.每股营业现金净流量

6.在现金流量项目组合分析表中，"-，-，+"的现金流量方向通常表示企业处于（　　　）。

A.初创期　　　　　　　　　　　　B.成长期

C.成熟期　　　　　　　　　　　　D.衰退期

E.扩张期

7.现金等价物是指企业持有的（　　　）的投资。

A.期限短   B.流动性强

C.易转换为现金   D.价值变动风险小

E.以股票形式存在

8.现金流量表要与（   ）发生勾稽关系。

A.资产负债表   B.利润表

C.利润分配表   D.所有者权益变动表

E.成本费用表

9.企业经营活动现金流量不足，可以通过（   ）途径来解决。

A.消耗货币积累   B.挤占可用于投资的现金

C.推迟投资活动   D.进行额外融资

E.加大负债规模

10.现金及现金等价物净增加额等于（   ）。

A.现金流入小计与现金流出小计之差

B.三项活动产生的现金流量净额与汇率变动影响之和

C.现金及现金等价物的期末、期初余额之差

D.筹资活动现金流入量

E.全部现金流入量

（三）判断题

1.现金是企业的"血液"。   （   ）

2.现金流量表是按权责发生制编制的。   （   ）

3.企业的银行存款与现金等价物之间的资金转换，不视为现金的流入或流出。   （   ）

4.企业存放在银行和金融机构中不可提前支取的定期存款不视为现金。

                                                                          （   ）

5.评价企业的经营只需要看懂利润表。   （   ）

6.企业经营活动产生的现金流量直接反映企业创造现金的能力。   （   ）

7.汇率变动对现金的影响数，应作为调整项目，在现金流量表中单独列示。

                                                                           （   ）

8.运用现金流量表中的信息分析企业的偿债能力时，通常采用的三个指标的分子都是经营现金净流量。   （   ）

9.一般情况下，企业的非经营收益越多，收益质量就越好。   （   ）

10.处置子公司及其他营业单位收到的现金净额属于筹资活动现金流入量。

                                                                           （   ）

（四）计算题

1.已知某公司有关财务资料如下：

（1）负债总额为23 000万元，其中流动负债占80%，一年内到期的长期负债为1 500万元；

（2）经营净现金流量为6 600万元；

（3）公司当年净利润为7 500万元。

要求：

（1）计算该公司的现金到期债务比、现金流动负债比、现金债务总额比；

（2）计算该公司的现金获利能力；

（3）若目前市场利率为15%，则该公司理论上还可借入多少资金？

2.乐群公司202×年度现金流量表见表4-1。

表4-1   现金流量表   会企03表

编制单位：乐群公司   202×年度   单位：万元

项目	金额
一、经营活动产生的现金流量：	
销售商品、提供劳务收到的现金	433 753.2
收到的税费返还	115.9
收到其他与经营活动有关的现金	6 731.5
经营活动现金流入小计	440 600.6
购买商品、接受劳务支付的现金	139 421.2
支付给职工以及为职工支付的现金	15 824.3
支付的各项税费	78 300.1
支付其他与经营活动有关的现金	24 209.8
经营活动现金流出小计	257 755.4
经营活动产生的现金流量净额	182 845.2
二、投资活动产生的现金流量：	
收回投资收到的现金	147 266.3
取得投资收益收到的现金	38 008
处置固定资产、无形资产和其他长期资产收回的现金净额	273.1
处置子公司及其他营业单位收到的现金净额	
收到其他与投资活动有关的现金	27.7
投资活动现金流入小计	185 575.1
购建固定资产、无形资产和其他长期资产支付的现金	103 542.6
投资支付的现金	22 383.5
取得子公司及其他营业单位支付的现金净额	
支付其他与投资活动有关的现金	189.5

项目	金额
投资活动现金流出小计	126 115.6
投资活动产生的现金流量净额	59 459.5
三、筹资活动产生的现金流量：	
吸收投资收到的现金	
取得借款收到的现金	226 778.9
收到其他与筹资活动有关的现金	826
筹资活动现金流入小计	227 604.9
偿还债务支付的现金	370 787.4
分配股利、利润或偿付利息支付的现金	97 525.7
支付其他与筹资活动有关的现金	513.2
筹资活动现金流出小计	468 826.3
筹资活动产生的现金流量净额	−241 221.4
四、汇率变动对现金及现金等价物的影响	
五、现金及现金等价物净增加额	1 083.3
加：期初现金及现金等价物余额	
六、期末现金及现金等价物余额	
补充资料	
1.将净利润调节为经营活动的现金流量：	
净利润	132 457.3
加：资产减值准备	−16.7
固定资产折旧、油气资产折耗、生产性生物资产折旧	73 707.9
无形资产摊销	329.6
长期待摊费用摊销	423.4
处置固定资产、无形资产和其他长期资产的损失（收益以"−"号填列）	−0.8
固定资产报废损失（收益以"−"号填列）	−726.8
公允价值变动损失（收益以"−"号填列）	−91.1
财务费用（收益以"−"号填列）	427.8
投资损失（收益以"−"号填列）	−62 371.1
递延所得税资产减少（增加以"−"号填列）	2 435.7
递延所得税负债增加（减少以"−"号填列）	
存货的减少（增加以"−"号填列）	20 245.2
经营性应收项目的减少（增加以"−"号填列）	6 572.2
经营性应付项目的增加（减少以"−"号填列）	8 286.9

续表

项目	金额
其他	1 165.6
经营活动产生的现金流量净额	182 845.1
2.不涉及现金收支的重大投资和筹资活动：	
债务转为资本	
一年内到期的可转换公司债券	
融资租入固定资产	
3.现金及现金等价物净变动情况：	
现金的期末余额	123 074.1
减：现金的期初余额	121 990.8
加：现金等价物的期末余额	
减：现金等价物的期初余额	
现金及现金等价物净增加额	1 083.3

要求：计算编制现金流入结构分析表、现金流出结构分析表和现金净流量结构分析表，并对乐群公司的现金流量状况作简要分析。

（五）案例分析题

1.欣欣公司202×年年末资产总额为6 000万元，股东权益总额为3 500万元，流动负债为1 500万元，非流动负债1 000万元；其中现金及现金等价物为800万元，本年度到期的长期借款和短期借款及利息为800万元。股东权益中普通股股本总额为2 000万元，每股面值为10元。该公司本年度实现的净利润为1 200万元，股利支付率为40%，全部以现金股利支付。公司当年经营活动的现金流量业务如下：销售商品、提供劳务收到现金4 000万元；购买商品、接受劳务支付现金1 800万元；职工薪酬支出300万元；支付所得税费用400万元；其他现金支出200万元。该公司经营活动现金净流量占公司全部现金净流量的80%，销售收现比90%。本年度资本性支出为1 600万元。

要求：

（1）计算现金比率；

（2）计算现金流动负债比、现金债务总额比、现金到期债务比；

（3）计算每股营业现金净流量；

（4）计算现金股利保障倍数；

（5）计算现金满足投资比率；

（6）根据以上计算的比率，简要评价该公司的支付能力及收益质量。

2.一个盈利的公司会破产吗？一个公司的发展决策会因缺少现金而停止吗？回答是肯定的。全美便利连锁店（简称NCS）就是一例。NCS是一家管理着3个州（加利福尼亚州、佐治亚州和得克萨斯州）、7个市场、988个连锁店的上市公司。这些店的经营范围是新鲜食品、传统快餐、软饮料、酒精饮料、烟草制品、杂货、保健品和美容用品，约80%的商店安装了半自动的加油设施。

经过从加油站发展到便利连锁商店的残酷竞争，NCS开始试行一种新的战略，即采用"邻近店原则"，把每个店的产品与当地客户的购货方式和地理情况直接联系起来。2020年，该公司把这种战略推广到品牌合作者，如在必胜客的店堂内，与必胜客合作共同推出店内新鲜外卖快餐，同时该公司还投产了品名为"NCS"的快餐生产线。

尽管公司首席执行官V.H.Pete VanHom试图提高其经营业绩，但是NCS还是遇到了财务危机。与2019年同期盈利100万美元相比；2020年第三季度NCS损失了310万美元。营业额与2019年同期相比，从2.92亿元减少到2.67亿元，下降比例为8.6%，此时，现金已为零。2020年11月，公司逾期未付银行贷款达390万美元，并停止支付优先股股利。2020年12月6日这一周，NCS披露已经无力偿还在2020年12月1日到期的130万美元的抵押贷款。2020年12月9日NCS在无法从其主要的供货商处获得信用后，便向法院申请破产保护。根据破产法的规定，申请破产的公司在法庭监管下经营，制订还款计划，收入首先用来还债。NCS的破产申请书上显示资产为2.775亿美元。

NCS破产前5年相关的财务数据见表4-2。

表4-2　　　　　　　NCS破产前5年相关的财务数据表　　　　　　单位：万美元

项目＼时间	2020年	2019年	2018年	2017年	2016年
销售收入	173 958	1 062 183	1 077 150	917 533	831 112
毛利	270 578	293 056	277 211	253 302	223 442
净利润（净损失）	(10 456)	4 963	(8 858)	6 745	(5 445)
经营活动现金净流量	15 090	6 704	23 585	36 122	31 599
净现金变动	11 448	1 112	(5 190)	3 762	5 580

在表4-2中，NCS的净利润在5年中变化很大，经营活动现金净流量变化也很大。公司在实施新的发展战略过程中，将大量现金花费在建造新商店和商店装修上，使现金流问题恶化，同时经济衰退以及休斯敦的犯罪风波在不同程度上使NCS商店受到打击，然而现金周转恶化是导致NCS最终破产的主要因素。

2021年12月，经法院批准以及债权人和公司股东的投票，该公司通过了一项改组计划，公司对现有股东以10股旧股换5股新股的方式进行股权置换。经过一年的调整，公司在2022年年末盈利0.68亿美元，经营活动产生的现金净流量为 2.5 亿美元。

　　要求：分析上述案例，结合我国某些 ST、PT 公司的经营状况，阐述现金流量信息对判断企业经营风险与财务风险的重要性。

项目五 所有者权益变动表及报表附注分析

一、学习目标

通过本项目的学习，了解所有者权益变动表的性质与作用、格式与内容，掌握所有者权益变动表的阅读以及重点项目的分析方法，并能够通过本表与资产负债表、利润表相关内容的勾稽关系，对企业的资本结构、财务状况和盈利能力作出分析评价；对财务报表附注的分析，要了解财务报表附注的内容与作用，掌握财务报表附注的分析方法，准确解读企业的财务信息。养成严谨、细致的职业习惯，系统、辩证的专业思维和使用大数据进行财务分析的数字素养，强化爱国、敬业、诚信、守法的社会主义核心价值观。

二、预习要览

（一）关键概念

1. 所有者权益　　　　　　　2. 所有者权益变动表

3. 综合收益总额　　　　　　4. 股本收益率

5. 财务报表附注　　　　　　6. 或有事项

7. 行业分析　　　　　　　　8. 企业分析

9. 积累资金　　　　　　　　10. 消费资金

（二）关键问题

1. 如何理解所有者权益变动表所能提供的信息内容？

2. 在《企业会计准则》中，企业对外报送的财务报表由"三大"变为"四大"，对于我国市场经济的发展有何重要意义？

3. 所有者权益变动表的核心部分是什么？为什么？其包括哪些具体内容？

4. 通过对所有者权益变动表的学习，你对企业经营的目的和财务人员的岗位职责又有了哪些新的理解？

5. 什么是股本？对股本变动进行综合分析要注意哪些问题？

6. 增加股本有哪几种形式？你认为哪种更好？为什么？

7. 什么是财务报表附注？为什么要编制财务报表附注？

8. 财务报表附注的编制形式有哪几种？大型企业选择哪种合适？小型企业选择哪种合适？为什么？

9. 对财务报表附注进行分析时，具体分析哪些内容？为什么？

10. 通过对华为公司年报的分析，你有哪些职业感悟？

三、重点与难点

所有者权益是企业资产扣除负债后由所有者享有的剩余权益。所有者权益变动表是反映构成所有者权益的各组成部分当期增减变动情况的财务报表。公司的所有者权益又称为"股东权益"，股东权益是公司股东对公司净资产的所有权，所以，该表也称为股东权益变动表。

所有者权益是企业自有资本的来源，它的数量多少、内部结构变动都会对企业的财务状况和经营发展趋势带来影响。因此，所有者权益变动表是报表使用者十分关注的主要报表之一。

所有者权益变动表属于动态报表，从左向右列示了所有者权益的组成项目；自上而下反映了各项目年初至年末的增减变动过程。

所有者权益变动表在一定程度上体现了企业综合收益的特点，除列示直接计入所有者权益的利得和损失扣除所得税影响后的净额（即其他综合收益）外，同时包含最终属于所有者权益变动的净利润，从而构成企业的综合收益。本表各项目是根据当期净利润、直接计入所有者权益的利得和损失项目扣除所得税影响后的净额、所有者投入资本和向所有者分配利润、提取盈余公积，以及所有者权益的内部转移等内容分析填列的。

从反映的时间看，所有者权益变动表包括上年金额和本年金额两部分，列示两个会计年度所有者权益各项目的变动情况，便于对前后两个会计年度的所有者权益总额和各组成项目进行动态分析。

从反映的项目看，所有者权益变动表反映的内容可分为五个方面：

第一，所有者权益各项目本年年初余额的确定。一般情况下，本年的年初余额等于上年的年末余额。但如果企业年度内发生会计政策变更和前期差错更正等事项，需要对上年所有者权益进行调整的，企业在上年年末余额的基础上，将会计政策变更和前期差错更正等的影响金额，在本表中单独列示，将上年年末余额调整为本年年初余额。

第二，本年度取得的影响所有者权益增减变动的综合收益总额。其包括企业正常生产经营产生的净利润以及其他综合收益的税后净额之和。

第三，所有者投入或减少资本引起的所有者权益的增减变化。因企业经营方向调整或规模变化，需要增加或减少资本，所有者权益变动表应予以反映，包括所有者投入资本、股份支付计入所有者权益的金额等。

第四，利润分配引起的所有者权益各项目的增减变化。现行《企业会计准则》将利润分配的内容放在所有者权益变动表中，并且由原来的附表上升为主表，充分说明了该表的重要性。利润分配反映企业经营成果的用途或去向，主要有提取盈余公积、向所有者（或股东）分配利润等。

第五，所有者权益内部项目之间的相互转化，主要包括资本公积转增资本、盈余公积转增资本、盈余公积补亏等。所有者权益内部项目之间的相互转化，会引起资本结构的变化，但不影响总额。

所有者权益变动表阅读和分析最重要的内容是本年增减变动金额。这是该表的核心部分，所有者权益从年初到年末的增减变化全过程及原因主要都在这里反映出来，具体内容如下：

1.综合收益总额。该项目与利润表中的"综合收益总额"一致，内容包括净利润和其他综合收益的税后净额之和。

2.所有者投入和减少资本。企业的实收资本因各种情况会发生增减变化，所有者权益变动表要求单独列示以下几项内容：

一是所有者投入的普通股；

二是其他权益工具持有者投入资本；

三是股份支付计入所有者权益的金额；

四是其他。

3.利润分配。企业的税后净利润应按规定的程序进行分配，包括提取盈余公积、对所有者（或股东）的分配等，剩余的部分为未分配利润。所有者权益变动表要求单独列示以下几项利润分配的内容：

（1）提取盈余公积。一般企业提取盈余公积包括法定盈余公积和任意盈余公积两部分。

（2）对所有者（或股东）的分配。企业在按规定提取了盈余公积、储备基金、风险准备等基金后，应制订股利分配方案。企业经股东大会或类似机构决议，分配给股东或投资者的现金股利或利润，记入"应付股利"账户；分配给股东的股票股利，在办理增资手续后，转作股本。

（3）其他。

4.所有者权益内部结转。所有者权益内部各项目之间的结转不会引起所有者权益总额的变化。所有者权益变动表要求单独列示下列内容等：

第一，资本公积转增资本（或股本）。资本公积转增资本是指企业为扩充资本的需要，经股东大会或类似机构决议，将资本公积的一部分转为实收资本（或股本），该业务不增加所有者权益总额，但改变了资本结构。

第二，盈余公积转增资本（或股本）。其形式与资本公积转增资本类似，但是盈余公积转增资本所减少的是留存收益，是利润和资本之间的转化，因此它与资本公积转增资本有本质的区别。

第三，盈余公积弥补亏损。企业弥补以前年度经营亏损的途径有三种，用盈余公积补亏只是其中的一种，企业还可以用以后年度税前利润（现行规定为5年内）和税后利润弥补亏损。金融企业用一般风险准备金弥补亏损，也应在该项目中反映。

所有者权益变动表在股份公司称为股东权益变动表。表中项目繁多，背景资料复杂，只有抓住重点项目，才能使报表使用者在仔细阅读所有者权益变动表各项内容的基础上，进一步分析各项目的具体变动数额和变动原因，以及变动对公司今后发展的影响，还可以进一步分析公司股价的走势。

对所有者权益变动表进行重点项目的分析主要包括以下四部分内容：

第一，股本变动情况的分析。股本的增加包括资本公积转入、盈余公积转入、分派股票股利和发行新股等多种渠道，前三种都会稀释股票的价格，而发行新股既能增加注册资本和股东权益，又可增加公司的现金资产，这是对公司发展最有利的增股方式。

因此，对股本变动情况的分析要综合进行。要在分析公司股本增长的同时，分析营业收入和净利润是否相应增加，从而使得加权平均每股收益较上年有所增长。股本的增加既能为公司发展积累物质基础，也有可能给公司带来新的问题。因此，公司应制定科学合理的扩张战略，充分利用募集的资金，壮大公司实力。同时，提高资金使用效率，增强盈利能力，形成新的利润增长点，为公司的持续发展奠定基础。

第二，资本公积变动情况的分析。资本公积不同于股本，股本是投资者对公司的原始投入，而资本公积是由特定来源形成的，除股本溢价外，主要来自非股东投入。从性质上讲，资本公积属于股东权益，有特定的使用流向，是一种"准资本"。在对股东权益变动表进行分析时，要了解其形成过程，破解其使用流向，以便于投资者对公司的自有资本质量作出准确的判断。

资本公积增加的原因包括资本溢价和其他资本公积。

现行《企业会计准则》引入公允价值概念后，会出现大量的公允价值与账面价值的差额，这个差额体现在资本公积项下的"其他资本公积"中。

资本公积减少的原因主要是转增股本，分析时要注意转增股本的额度，以及转增股本后的股数和新的股权比例情况，可通过转增股本前后的股本收益率、每股盈利、每股净资产等指标进一步加以分析。

第三，盈余公积变动情况的分析。盈余公积增加的主要来源是按规定从本期净利润中提取的法定盈余公积和任意盈余公积。盈余公积减少的情况一般包括：用盈余公积转增股本；用盈余公积弥补亏损；用盈余公积派送新股等。

第四，利润分配的分析。利润分配实际上体现的是资金积累与消费的比例关系。公司实现的净利润形成了积累资金和消费资金的来源。

积累资金包括法定盈余公积、任意盈余公积和未分配利润。这些资金都是留存于公司的经营积累资金，可用于公司的发展，但又具有不同的用途和特点。一般情况下，盈余公积只能用于补亏和转增资本；未分配利润是公司利润分配的最终结果，它没有特定的用途，既可以用于生产经营，又可以用于公司的扩张，还可以留待以后年度进行股利分配。

消费资金主要是分配给股东的股利，包括现金股利和股票股利，这是股东获得的实实在在的经济利益，但是公司采取哪种发放形式，与公司发展战略和经营管理方式有关。一般来讲，公司希望拓展经营、扩大规模，但现金压力较大，因此倾向于发放股票股利。

实际上，留存于公司的现金越多，公司发展的资金就越充裕，就越有后劲，有益于公司未来经营业绩的提高，使投资者得到更高的回报。但是积累资金比例过高，消费资金比例过低，投资者收益就少，容易挫伤股东的积极性，影响公司形象，进而影响公司股价。

财务报表中所规定的内容具有一定的固定性，因其只能提供定量的会计信息，所以在信息披露上受到一定限制。而财务报表附注则是对在资产负债表、利润表、现金流量表和所有者权益变动表等报表中列示项目的文字描述或明细资料，以及对未能在这些报表中列示项目的补充说明，它是企业财务报表的重要组成部分，也是报表使用者全面、客观、准确地解读企业会计信息必须参照的重要内容。

财务报表附注具有以下作用：提高财务报表信息的可比性。在财务报表中通过附注来说明企业所采用的会计处理方法及其变更情况，有助于提高财务报表的可比性；增强财务报表信息的可理解性。通过财务报表附注对表中数据进行解释，将抽象的数据分解成若干个具体的项目，有助于缺乏会计专业知识的报表使用者看懂报表信息，从而增强了财务报表的可理解性；突出财务报表信息的重要性。财务报表附注正是对报表中重要数据所作的进一步的分析说明，它能帮助报表使用者了解哪些信息是重要信息，使报表使用者获得正确的引导，作出正确的评价。

财务报表附注的编制形式多种多样，各企业可结合自身的特点及报表使用者的要求作出选择。常见的编制形式有以下五种：

（1）尾注说明。这是附注的主要编制形式，一般适用于说明内容较多的项目。

（2）括弧说明。此种形式常用于为财务报表主体内容提供补充信息，因为它把补充信息直接纳入财务报表主体，所以比起其他形式来，显得更直观，不易被人忽视，缺点是它包含的内容过短。

（3）备抵与附加账户。设立备抵与附加账户，在财务报表中单独列示，能够为财务报表使用者提供更多有意义的信息，这种形式目前主要用于资产减值损失等账户的设置。

（4）脚注说明。它是指在报表下端进行的说明，例如，说明已贴现的商业承兑汇票和已包括在固定资产原价内的融资租入固定资产原价等。

（5）补充说明。有些无法列入财务报表主体中的详细数据、分析资料，可用单独的补充报表进行说明。例如，可利用补充报表的形式来揭示关联方的关系和交易等内容。

分析财务报表附注，对报表使用者全面了解企业财务状况，准确评价企业经营管理水平以及及时作出有效的判断和决策具有重要意义。一般情况下，对财务报表附注的分析应从以下几个方面进行：

一是宏观经济环境分析。宏观经济环境的变动对企业的财务状况具有重大的影响，宏观经济环境分析主要包括经济周期变动分析和经济指标变动分析两个方面。把经济运行的周期性变化划分为四个阶段：上升期、高涨期、下降期、停滞期。

二是宏观经济政策分析。宏观经济政策分析的内容包括财政政策变动分析和货币金融政策变动分析。

三是行业分析。对企业所处行业的基本状况进行分析，有利于财务报表使用者准确理解财务报表信息，为正确进行投资决策提供科学的依据。行业分析的内容包括行业的市场类型、行业的生命周期、行业变动的影响因素。

四是企业分析。企业分析就是对企业的经营管理、科技开发实力、工艺设备及技术水平等方面进行分析。进行企业分析必须在了解企业概况的前提下，重点对企业的经营管理、技术开发、发展前景、企业的产品和市场进行具体分析。通过这些分析，能更好地解读财务报表附注披露信息的背景，为报表使用者的决策提供参考。

五是财务报表附注中重点项目的分析。它主要包括会计政策、会计估计变更以及差错更正的分析；或有事项的分析；资产负债表日后事项的分析；关联方交易的分析；财务报表重点项目的分析，具体又包括对应收款项、存货、固定资产、长期股权投资、长期待摊费用、营业收入、营业外收入及管理费用等项目的分析。

所有者权益变动表是反映构成所有者权益的各组成部分当期增减变动情况的报表。该表作为必须对外列报的主要报表之一，对投资人的投资决策具有极其重要的作用。

财务报表附注是企业财务报表的重要组成部分，它是对财务报表中已经列示或尚未列示项目的补充说明。

四、主要公式

1.股本收益率

$$股本收益率 = \frac{税后利润 - 优先股股利}{发行在外的普通股股本}$$

该指标用于衡量普通股股票投资者可获投资报酬的程度。该指标越高，说明公司向股东提供的收入水平越高，或者用于扩大再生产的潜力越大，投资的风险越小。对投资者而言，股本收益率的高低比公司财务状况的好坏或其他收益率指标更直观，也更重要。

2.每股盈利

$$每股盈利 = \frac{税后利润 - 优先股股利}{发行在外的普通股股数}$$

该指标用于衡量平均每股普通股股票获得的净收益额。在股票面值为1元时，该指标与股本收益率指标计算结果相同。

3.每股净资产

$$每股净资产 = \frac{股东权益 - 优先股股本}{发行在外的普通股股数}$$

该指标用于衡量每一普通股股份所能分配的账面净资产的价值，或者说在会计期末每一股份在公司账上值多少钱，它与股票的名义价值（面值）、发行价值（面值加溢价）、市场价值、清算价值等可能有较大差距。利用该指标可以衡量公司的发展速度与发展潜力，判断投资价值及投资风险的大小。

4.公积金与股东权益比率

$$公积金与股东权益比率 = \frac{资本公积 + 盈余公积}{股东权益}$$

在股东权益构成项目中，公积金是一种没有实际筹资成本的资金来源，而且可以自由支配。所以，该比率越大，不仅对股本的保证程度越高，而且债权也越有保障，公司获利能力也越强。

五、备考演练

（一）单项选择题

1.所有者权益是企业（　　　）所享有的剩余权益。

A.债权人　　　　　　　　　B.债务人

C.所有者　　　　　　　　　D.经营者

2.根据现行《企业会计准则》的规定，企业必须对外报送的财务报表由三张改为四张，增报的是（　　　）。

　　A.资产负债表 　　　　　　　　　　B.利润表

　　C.现金流量表 　　　　　　　　　　D.所有者权益变动表

3.所有者权益变动表在一定程度上体现了企业（　　　）的特点。

　　A.综合收益 　　　　　　　　　　　B.收益质量

　　C.收益形成 　　　　　　　　　　　D.利润去向

4.所有者权益变动表是（　　　）报表。

　　A.月份 　　　　　　　　　　　　　B.年度

　　C.季度 　　　　　　　　　　　　　D.半年度

5.所有者权益变动表的核心部分是（　　　）。

　　A.上年年末余额 　　　　　　　　　B.对上年年末余额的调整

　　C.本年增减金额 　　　　　　　　　D.所有者权益内部转移

6.（　　　）既能增加注册资本和股东权益，又可增加公司的现金资产，是对公司发展最有利的增股方式。

　　A.资本公积转增资本 　　　　　　　B.盈余公积转增资本

　　C.利润分配转入 　　　　　　　　　D.发行新股

7.现行《企业会计准则》引入公允价值后，出现大量公允价值与账面价值的差额，这个差额体现在（　　　）项下。

　　A.实收资本 　　　　　　　　　　　B.资本公积

　　C.盈余公积 　　　　　　　　　　　D.未分配利润

8.因为财务报表所规定的内容具有一定的（　　　），在信息披露上受到一定限制，所以需要编写财务报表附注。

　　A.灵活性 　　　　　　　　　　　　B.固定性

　　C.可拓展性 　　　　　　　　　　　D.相关性

9.（　　　）是对企业的经营管理、科技开发实力、工艺设备及技术水平等方面进行的分析。

　　A.企业分析 　　　　　　　　　　　B.行业分析

　　C.宏观经济环境分析 　　　　　　　D.宏观经济政策分析

10.财务报表附注的形式多种多样，企业可根据需要选择，如果你所在企业要说明的内容很多，你会选择（　　　）。

　　A.脚注说明 　　　　　　　　　　　B.备抵与附加账户

　　C.尾注说明 　　　　　　　　　　　D.括号说明

（二）多项选择题

1.对财务报表附注进行分析应从（　　　）等方面来进行。

　　A.企业分析 　　　　　　　　　　　B.行业分析

C.宏观经济环境分析   D.宏观经济政策分析

E.附注中重点项目的分析

2.宏观经济环境分析的主要内容包括（   ）。

A.经济周期变动分析   B.经济指标变动分析

C.财政政策变动分析   D.货币金融政策变动分析

E.行业的生命周期分析

3.宏观经济政策分析的主要内容包括（   ）。

A.经济周期变动分析   B.经济指标变动分析

C.财政政策变动分析   D.货币金融政策变动分析

E.行业的生命周期分析

4.财务报表附注的编制形式有（   ）。

A.脚注说明   B.备抵与附加账户

C.尾注说明   D.括号说明

E.补充说明

5.对所有者权益变动表重点项目进行分析包括的内容有（   ）。

A.股本变动情况的分析   B.资本公积变动情况的分析

C.盈余公积变动情况的分析   D.利润分配的分析

E.报表附注的分析

6.股本增加包括（   ）等多种渠道。

A.资本公积转增资本   B.盈余公积转增资本

C.利润分配转入   D.发行新股

E.资本溢价

7.在所有者权益变动表中，本年增减变动的金额是核心内容，具体包括（   ）项目。

A.所有者投入和减少的资本   B.利润分配

C.所有者权益内部转移   D.综合收益总额

E.直接计入所有者权益的利得与损失

8.不引起所有者权益总额变动的项目有（   ）。

A.利润分配   B.减资

C.资本公积转增资本   D.盈余公积转增资本

E.盈余公积补亏

9.盈余公积减少的情况一般包括（   ）。

A.转增资本   B.弥补亏损

C.派送新股   D.资本溢价

E.其他资本公积

10.对股本盈利能力进行分析，应重点计算的指标有（　　　）。

A.股本收益率　　　　　　　　　　B.公积金与股本权益比率

C.每股盈利　　　　　　　　　　　D.净收益营运指数

E.每股净资产

（三）判断题

1.任何行业都要经历一个由成长到衰退的发展演变过程，所以对企业的财务报表附注进行分析时，必须结合行业的生命周期。　　　　　　　　　（　　）

2.财务报表附注是企业财务报表的重要组成内容，所以要求各企业选用的财务报表附注编制形式应统一、规范。　　　　　　　　　　　　　　　（　　）

3.看一份企业的年报，必须关注它的附注资料。　　　　　　　　　（　　）

4.所有者权益是企业自有资本的来源，它的数量多少、内部结构变动对企业的财务状况及发展趋势影响不大。　　　　　　　　　　　　　　　　（　　）

5.企业的股利分配政策及现金支付能力都能通过所有者权益变动表体现出来。　　　　　　　　　　　　　　　　　　　　　　　　　　　　（　　）

6.所有者权益变动表在一定程度上体现了企业综合收益的特点。　（　　）

7.所有者权益变动表的核心部分是"会计政策变更"和"前期差错更正"的调整数。　　　　　　　　　　　　　　　　　　　　　　　　　　　（　　）

8.利得也是企业在经营中取得的经常性收入。　　　　　　　　　（　　）

9.资本公积转增资本和盈余公积转增资本都会稀释股票的价格。　（　　）

10.财务报表附注是财务报表的重要组成部分，它是对报表中已经列示或尚未列示项目的补充、完善和说明。　　　　　　　　　　　　　　　　（　　）

项目六　成本费用报表分析

一、学习目标

通过本项目的学习，了解成本费用报表的性质与作用、分类与特点，熟悉企业成本费用与企业经济效益之间的内在关系，掌握成本费用报表的分析方法。树立强化内部控制，规范企业管理，提高经济效益的财务理念，培养运用大数据进行成本管理和风险防控的职业素养。

二、预习要览

（一）关键概念

1. 成本费用报表
2. 成本费用报表分析
3. 可比产品
4. 商品产品
5. 商品产品成本表分析
6. 期间费用
7. 直接材料成本
8. 直接人工成本
9. 产品品种结构
10. 定额

（二）关键问题

1. 如何理解成本与费用的关系？如何认识财务人员在企业管理中应发挥的职能作用？

2. 什么是成本费用报表？它有何特点？对成本费用报表进行分析时应注意哪些问题？

3. 大数据对企业成本有哪些影响？大数据技术对企业的成本管控能发挥哪些积极作用？

4. 如何对商品产品成本表进行分析？

5. 如何对可比产品成本降低计划完成情况进行分析？

6. 期间费用报表有何特点？其包括哪几张报表？

7. 对管理费用报表的分析应采用什么方法？应注意哪些问题？

8. 为什么要对主要产品的单位成本计划完成情况进行分析？主要的分析内容是什么？

9. "不可比产品成本计划完成得好，一定是企业管理上的成绩"，这句话对吗？为什么？

10. 在国资委发布的《关于中央企业加快建设世界一流财务管理体系的指导意见》中，对强化成本管控提出了哪些要求？财务人员应如何应对由此带来的专业挑战，更好地服务企业的可持续发展？

三、重点与难点

成本费用报表是反映企业在一定时期所发生的成本及费用支出情况的报表。它属于企业内部管理的一种报表，其具体的格式和种类由企业自行规定。

成本费用报表分析是指利用企业成本费用计划、成本费用报表等资料，来揭示成本费用计划的完成情况，查明引起成本费用升降的因素，以便寻求控制成本费用途径的分析方法。它是企业管理的一个重要组成部分。

通过对成本费用报表进行分析，能够评价成本费用计划的执行情况；能够揭示成本费用节约或超支的原因；能够寻求进一步降低成本费用的途径和方法。

成本费用报表按其反映的内容可分为反映成本计划执行情况的报表和反映费用支出情况的报表两大类。反映成本计划执行情况的报表主要包括产品生产成本表和主要产品单位成本表；反映费用支出情况的报表主要包括制造费用明细表、财务费用明细表、销售费用明细表和管理费用明细表等。通过分析反映费用支出情况的报表，可以了解企业在一定期间内费用支出的总额及构成情况，了解费用支出的合理程度和变化趋势，进而考核各项消耗和支出指标的完成情况。

与其他财务报表分析不同，成本费用报表分析除了必须有充分的历史资料以外，还要有严格的财产物资管理制度，以加强成本控制，明确管理人员的岗位责任。在分析中应注意以下几点：

第一，实行定额管理制度；

第二，建立健全有关成本核算的原始记录和凭证；

第三，加强财产物资的管理，严格计量验收和盘点制度；

第四，建立健全成本中心和管理人员的岗位责任制。

成本报表的阅读与分析，主要包括三大内容：商品产品成本表的阅读与分析、可比产品成本降低计划完成情况的分析和主要产品单位成本计划完成情况的分析。

商品产品成本表的分析，就是将全部商品本年实际总成本与按本年实际产量计算的上年（或计划）总成本进行比较，计算出成本降低额与成本降低率两个指标，借以分析全部商品产品成本的升降情况。对商品产品成本表的具体分析，在实际工作中，一般是从以下两个方面进行的：

一是按成本项目进行分析。按成本项目进行分析，可以确定全部商品产品成本实际水平脱离计划水平的情况，究竟是由哪些成本项目的升降引起的，从而抓住重点项目来研究全部商品产品总成本的变动。按成本项目进行分析时，首先将全部商品产品的实际总成本按成本项目反映；其次将其与按成本项目反映的计划总成本资料进行对比；最后确定各成本项目的降低额和降低率及其降低额占总降低额的份额。

二是按产品类别进行分析。按产品类别对全部商品产品成本计划完成情况进行分析，就是按产品类别将本期实际总成本与按本期实际产量调整的计划（或上期）总成本进行比较，确定其成本降低额和成本降低率，进而找出全部商品产品成本实际脱离计划的差异是由哪些产品造成的，便于以产品为对象采取降低成本的措施。其分析的步骤是：确定总成本降低额和降低率；对可比产品和不可比产品分别考核其成本的计划完成情况，计算其降低额和降低率；按各个产品分别考核其成本计划的完成情况，分别计算产品的成本降低额和成本降低率。

对可比产品成本降低计划完成情况的分析，是将实际降低额和降低率与计划降低额和降低率进行比较，从而确定可比产品成本降低任务的完成情况，并进一步查明影响可比产品成本降低的因素及影响程度，为进一步挖掘降低成本的潜力提供帮助。可比产品成本降低任务完成情况的分析步骤如下：

（1）将报告期可比产品的实际降低额和实际降低率与计划降低额和计划降低率进行比较，确定实际与计划之间的总差异。

（2）对影响可比产品成本降低任务完成的因素及影响程度进行分析。影响可比产品成本降低任务完成情况的因素主要有三个，即产品产量、品种结构和单位成本。其中，单纯的产量变动只对成本降低额有影响，而对成本降低率无影响；品种结构和单位成本的变动，则对成本降低额和降低率均有影响。

（3）作出分析评价。企业在对全部商品产品成本计划完成情况和可比产品成本降低任务完成情况进行分析后，还必须把成本分析引向具体化和细致化，即进一步对成本变化较大的主要产品的单位成本进行分析。目的是查明主要产品单位成本变化的具体原因，找出企业成本管理工作中的薄弱环节，为不断降低产品成本指明方向。

主要产品单位成本的分析，主要包括以下两方面的内容：

一是主要产品单位成本降低额和降低率的分析。该分析是指将企业生产的各种主要产品的实际单位成本与计划单位成本相比较，确定各产品单位成本的升降情况。

二是主要产品单位成本项目的分析，具体包括：

①直接材料成本项目分析；

②直接人工成本项目分析；

③制造费用成本项目分析。

费用报表的阅读与分析包括制造费用报表的阅读与分析、管理费用报表的阅读与分析、财务费用报表的阅读与分析以及销售费用报表的阅读与分析。其中，后三项费用又称为期间费用。期间费用的共同特点是没有明确的归属对象，而与一定的会计期间相联系，所以在发生时列入当期利润表，在当期营业利润中扣除。期间费用的大小一般不与企业业务量成正比，多数属于固定成本或酌量性固定成本，少数属于变动成本和混合成本。因此，在考核企业期间费用完成情况的时候，首先，应注意各类期间费用具体项目的性质，将分析重点放在酌量性固定成本和混合成本等项目上；其次，应将期间费用的支出与企业营业收入和利润等产出效益指标联系起来进行分析，判断支出的合理性，不能简单地认为期间费用越低越好。对期间费用报表的分析，通常采用的方法是编制费用明细表的比较会计报表。分析时应注意抓住变动较大的重点项目，并结合企业经营背景及宏观经济政策等方面的变化来作出综合评价。

四、主要公式

1. $\text{商品产品总成本降低额} = \sum (\text{实际产量} \times \text{计划单位成本}) - \sum (\text{实际产量} \times \text{实际单位成本})$

2. $\text{商品产品总成本降低率} = \dfrac{\text{总成本降低额}}{\sum (\text{实际产量} \times \text{计划单位成本})} \times 100\%$

3. $\text{可比产品计划降低额} = \sum \left(\text{可比产品计划产量} \times \text{该产品上年实际单位成本} \right) - \sum \left(\text{可比产品计划产量} \times \text{该产品本年计划单位成本} \right)$

4. $\text{可比产品计划降低率} = \dfrac{\text{计划降低额}}{\sum (\text{可比产品计划产量} \times \text{该产品上年实际单位成本})} \times 100\%$

5. $\text{可比产品实际降低额} = \sum \left(\text{可比产品实际产量} \times \text{该产品上年实际单位成本} \right) - \sum \left(\text{可比产品实际产量} \times \text{该产品本年实际单位成本} \right)$

6. $\text{可比产品实际降低率} = \dfrac{\text{实际降低额}}{\sum (\text{可比产品实际产量} \times \text{该产品上年实际单位成本})} \times 100\%$

7. $\text{产品产量变动对降低额的影响} = \left[\sum \left(\text{本年实际产量} \times \text{上年实际单位成本} \right) - \sum \left(\text{本年计划产量} \times \text{上年实际单位成本} \right) \right] \times \text{计划降低率}$

8. $\text{产品品种结构变动对降低额的影响} = \sum \left(\text{本年实际产量} \times \text{上年实际单位成本} \right) \times \left[\dfrac{\sum \left(\text{本年实际产量} \times \text{上年实际单位成本} \right) - \sum \left(\text{本年实际产量} \times \text{本年计划单位成本} \right)}{\sum (\text{本年实际产量} \times \text{上年实际单位成本})} - \text{计划降低率} \right]$

9. $\text{产品单位成本变动对降低额的影响} = \sum \left(\text{本年实际产量} \times \text{上年实际单位成本} \right) \times \left[\text{实际降低率} - \dfrac{\sum \left(\text{本年实际产量} \times \text{上年实际单位成本} \right) - \sum \left(\text{本年实际产量} \times \text{本年计划单位成本} \right)}{\sum (\text{本年实际产量} \times \text{上年实际单位成本})} \right]$

10. $$\text{产品品种结构变动对降低率的影响} = \frac{\sum\left(\begin{array}{c}\text{本年实}\\\text{际产量}\end{array}\times\begin{array}{c}\text{上年实际}\\\text{单位成本}\end{array}\right) - \sum\left(\begin{array}{c}\text{本年实}\\\text{际产量}\end{array}\times\begin{array}{c}\text{本年计划}\\\text{单位成本}\end{array}\right)}{\sum(\text{本年实际产量}\times\text{上年实际单位成本})} - \begin{array}{c}\text{计划}\\\text{降低率}\end{array}$$

11. $$\text{产品单位成本变动对降低率的影响} = \begin{array}{c}\text{实际}\\\text{降低率}\end{array} - \frac{\sum\left(\begin{array}{c}\text{本年实}\\\text{际产量}\end{array}\times\begin{array}{c}\text{上年实际}\\\text{单位成本}\end{array}\right) - \sum\left(\begin{array}{c}\text{本年实}\\\text{际产量}\end{array}\times\begin{array}{c}\text{本年计划}\\\text{单位成本}\end{array}\right)}{\sum(\text{本年实际产量}\times\text{上年实际单位成本})}$$

12. 单位产品材料成本 $=\sum$（单位产品材料消耗×材料单价）

13. 材料单耗（量差）的影响程度 $=\sum$［（实际单耗－计划单耗）×计划单价］

14. 材料单价（价差）的影响程度 $=\sum$［实际单耗×（实际单价－计划单价）］

15. 单位产品人工成本 = 单位产品生产工时×小时工资率

16. $$\text{效率差异的影响程度} = (\text{实际单位产品生产工时}-\text{计划单位产品生产工时})\times\text{计划小时工资率}$$

17. $$\text{工资率差异的影响程度} = \text{实际单位产品生产工时}\times(\text{实际小时工资率}-\text{计划小时工资率})$$

18. 单位产品制造费用 = 单位产品生产工时×小时制造费用率

19. $$\text{效率差异的影响程度} = \left(\begin{array}{c}\text{实际单位产品}\\\text{生产工时}\end{array} - \begin{array}{c}\text{计划单位产品}\\\text{生产工时}\end{array}\right)\times\begin{array}{c}\text{计划小时}\\\text{制造费用率}\end{array}$$

20. $$\text{分配率差异的影响程度} = \begin{array}{c}\text{实际单位产品}\\\text{生产工时}\end{array}\times\left(\begin{array}{c}\text{实际小时}\\\text{制造费用率}\end{array} - \begin{array}{c}\text{计划小时}\\\text{制造费用率}\end{array}\right)$$

五、备考演练

（一）单项选择题

1. （　　）是指以前年度生产过的产品。

A.可比产品　　　　　　　　　B.不可比产品

C.主要产品　　　　　　　　　D.全部商品产品

2. （　　）与其他财务分析不同，在分析时除了必须充分占有历史资料以外，还要有严格的财产物资管理制度。

A.资产负债表分析　　　　　　B.成本费用报表分析

C.利润表分析　　　　　　　　D.现金流量表分析

3. 对可比产品成本降低计划完成情况进行分析时，只影响降低额不影响降低率的因素是（　　）。

A.计划的科学性　　　　　　　B.品种结构变动

C.单纯的产量变动　　　　　　D.单位成本变动

4. （　　）是与一定会计期间相联系，为保证生产经营活动顺利进行而发生的间接费用。

A.制造费用　　　　　　　　B.管理费用

C.财务费用　　　　　　　　D.期间费用

5.（　　）是构成产品成本的重要组成部分。

A.制造费用　　　　　　　　B.管理费用

C.财务费用　　　　　　　　D.期间费用

6.（　　）是服务于企业内部管理的报表，所以对于报表格式、编报时间，企业有自主决定权。

A.资产负债表　　　　　　　B.利润表

C.现金流量表　　　　　　　D.成本费用报表

7.直接人工成本项目的变动既受单位产品生产工时的影响，又受（　　）变动的影响。

A.小时工资率　　　　　　　B.材料单价

C.生产工艺　　　　　　　　D.材料耗用量

8.根据账簿上的日常成本与费用核算资料及其他有关资料，定期或不定期编制的、用以反映企业资金耗费和产品成本构成及升降变动情况的报表是（　　）。

A.主要产品单位成本表　　　　B.成本费用报表

C.期间费用报表　　　　　　　D.管理费用明细表

9.直接材料成本项目的变动既受材料耗用量变动的影响，又受（　　）变动的影响。

A.小时工资率　　　　　　　B.生产工艺

C.材料单价　　　　　　　　D.生产工时

10.对（　　）进行分析，既可以对已经发生的费用进行考核评价，也可以为今后改善营销工作提供依据。

A.制造费用　　　　　　　　B.管理费用

C.财务费用　　　　　　　　D.销售费用

（二）多项选择题

1.费用报表分析包括的内容有（　　）。

A.制造费用　　　　　　　　B.管理费用

C.财务费用　　　　　　　　D.销售费用

E.期间费用

2.对主要产品单位成本项目的分析应包括（　　）。

A.降低额的分析　　　　　　B.降低率的分析

C.直接材料成本项目分析　　D.直接人工成本项目分析

E.制造费用成本项目分析

3.对单位产品人工成本的分析应包括（　　）变动的影响程度。

A.效率差异

B.工资率差异

C.产量差异

D.结构差异

E.工艺差异

4.全部商品产品的成本包括（　　）。

A.可比产品成本

B.不可比产品成本

C.单位商品成本

D.主要技术经济指标

E.标准产品成本

5.在实际工作中，对商品产品成本表的具体分析一般从（　　）方面进行。

A.按定额管理分析

B.按成本项目分析

C.按产品类别分析

D.按生产工艺分析

E.按完工进度分析

6.对可比产品成本降低任务完成情况的分析要分别计算和分析（　　）变动的影响。

A.定额标准

B.生产工艺

C.产量

D.品种结构

E.单位成本

7.对可比产品成本计划降低完成情况进行分析时，既影响降低额，又影响降低率的因素有（　　）。

A.定额标准

B.生产工艺

C.产量

D.品种结构

E.单位成本

8.对可比产品成本降低计划完成情况分析确定的分析对象，应同时包括（　　）。

A.产量差异

B.品种结构差异

C.降低额差异

D.单位成本差异

E.降低率差异

9.在主要产品单位成本表中"成本项目"项下列示的内容有（　　）。

A.直接材料

B.直接人工

C.制造费用

D.单位成本合计

E.主要技术经济指标

10.在下列报表中，属于期间费用报表的有（　　）。

A.制造费用明细表

B.管理费用明细表

C.销售费用明细表

D.财务费用明细表

E.主要产品单位成本表

（三）判断题

1. 成本是反映企业工作质量的一个综合性指标。（ ）

2. 产量变动既影响可比产品成本降低额，也影响可比产品成本降低率。

（ ）

3. 不可比产品是指企业首次正式生产的新产品。（ ）

4. 对大多数产品而言，直接材料费用在其单位成本构成中占有较大的比重，因此，它的升降变化是单位成本变动的主要原因。（ ）

5. 期间费用的共同特点是有明确的归属对象。（ ）

6. 对管理费用报表进行分析，可以用实际数与计划数（或预算数）进行比较，也可以用实际数与上年实际数进行比较。（ ）

7. 影响可比产品成本降低率的因素是产量、品种结构和单位成本。（ ）

8. 在考核企业期间费用完成情况时，首先应注意各类期间费用的具体性质，将分析重点放在酌量性固定成本和混合成本的项目上。（ ）

9. 计算可比产品成本降低额和降低率时采用的比较标准（单位成本）均为上年实际单位成本。（ ）

10. 对全部商品产品成本计划完成情况的分析，每年都应有对不可比产品的分析。（ ）

（四）计算题

1. ××公司的甲产品为主要产品，其单位成本项目的资料见表6-1至表6-3。

表6-1　　　　　　　　　直接材料成本分析表

编制单位：××公司　　　　　　　202×年12月31日　　　　　　　金额单位：元

材料名称	耗用量（千克）		单价		材料成本		差异		
	计划	实际	计划	实际	计划	实际	量差	价差	合计
A	100	80	0.20	0.21	20	16.8	-4	0.8	-3.2
B	55	104	0.06	0.05	3.3	5.2	2.94	-1.04	1.9
C	60	50	0.12	0.14	7.2	7	-1.2	1	-0.2
合计					30.5	29	-2.26	0.76	-1.5

表6-2　　　　　　　　　直接人工成本分析表

编制单位：××公司　　　　　　　202×年12月31日

项目	计划数	实际数	差异
单位产品生产工时（小时）	2	1.75	-0.25
小时工资率（元/小时）	5	4	-1
单位产品直接人工费用（元）	10	7	-3

表6-3　　　　　　　　　　　制造费用分析表

编制单位：××公司　　　　　　　202×年12月31日

项目	计划数	实际数	差异
单位产品工时耗用（小时）	13	12	-1
小时费用分配率（元/小时）	2.115	2.25	0.135
单位产品制造费用（元）	27.495	27	-0.495

要求：分别计算各因素变动对甲产品各成本项目的影响程度。

2.明伦公司202×年度的商品产品成本资料见表6-4。

表6-4　　　　　　　　　　商品产品成本表

编制单位：明伦公司　　　　　　202×年度　　　　　　金额单位：元

产品名称	规格	计量单位	本年产品产量	单位成本			总成本		
				上年实际	本年计划	本年实际	按上年实际单位成本计算	按本年计划单位成本计算	按本年实际单位成本计算
可比产品							2 500 000	2 433 000	2 420 000
其中：甲产品		件	2 200	500	495	470	1 100 000	1 089 000	1 034 000
乙产品		件	1 400	1 000	960	990	1 400 000	1 344 000	1 386 000
不可比产品								230 000	220 000
其中：丙产品		件	500		460	440		230 000	220 000
全部商品产品							2 500 000	2 663 000	2 640 000

要求：计算并填列全部商品产品总成本计划完成情况分析表，并根据计算结果作出简要分析。

（五）案例分析题

明伦公司202×年度可比产品成本降低计划和可比产品成本降低任务完成情况分别见表6-5和表6-6。

表6-5 可比产品成本降低计划表

编制单位：明伦公司　　　　　　　　　　202×年度　　　　　　　　　　金额单位：元

可比产品名称	计量单位	计划产量	单位成本		总成本		计划降低任务	
			上年实际	本年计划	按上年实际单位成本计算	按本年计划单位成本计算	降低额	降低率（%）
甲	件	2 000	500	495	1 000 000	990 000	10 000	1
乙	件	1 000	1 000	960	1 000 000	960 000	40 000	4.0
合计					2 000 000	1 950 000	50 000	2.5

表6-6 可比产品成本降低任务完成情况表

编制单位：明伦公司　　　　　　　　　　202×年度　　　　　　　　　　金额单位：元

可比产品名称	计量单位	实际产量	单位成本			总成本			实际完成情况	
			上年实际	本年计划	本年实际	按上年实际单位成本计算	按本年计划单位成本计算	按本年实际单位成本计算	降低额	降低率（%）
甲	件	2 200	500	495	470	1 100 000	1 089 000	1 034 000	66 000	6
乙	件	1 400	1 000	960	990	1 400 000	1 344 000	1 386 000	14 000	1
合计						2 500 000	2 433 000	2 420 000	80 000	3.2

要求：对明伦公司202×年度可比产品成本降低计划的完成情况作出分析。

项目七　合并财务报表及分部报告分析

一、学习目标

通过本项目的学习，了解企业合并的动因与形式以及合并财务报表的特点，掌握合并财务报表项目分析及分部报告分析的方法。培养学生在复杂的业务环境下，保持诚信、守法、严谨、自律的职业操守，适应行业发展和企业转型而不断学习、突破自我的职业意识与可持续发展能力。

二、预习要览

（一）关键概念

1. 新设合并　　　　　　　　　2. 吸收合并

3. 控股合并　　　　　　　　　4. 合并资产负债表

5. 少数股东权益　　　　　　　6. 合并财务报表

7. 控制　　　　　　　　　　　8. 增减分析

9. 比率分析　　　　　　　　　10. 汇总财务报表

（二）关键问题

1. 什么是合并财务报表？为什么要分析合并财务报表？作为合并企业的财务人员应主要学习、掌握哪些方面的跨界知识？

2. 企业合并的主要动因包括哪些内容？企业合并对财务人员的岗位职责有哪些新要求？

3. 企业合并的方式有哪几种？是否都需要编制合并财务报表？为什么？

4. 合并财务报表与个别财务报表相比有何特点？与汇总财务报表相比有何特点？

5. 合并财务报表的合并范围是什么？应如何确定合并财务报表的合并范围？

6. 对合并资产负债表应抵消哪些项目？为什么？对合并利润表应抵消哪些项目？为什么？

7. 对合并财务报表进行综合分析应遵循怎样的程序？

8. 用图示方式描述合并财务报表的分析体系。

9. 增减分析法可用来分析哪些内容？试列举6个以上运用增减分析法对合并财务报表进行分析时应重点分析的项目。

10. 如何运用比率分析法对合并财务报表进行分析？

三、重点与难点

企业合并是市场经济发展的必然产物。企业合并的原因是多方面的，但从微观经济学角度看，企业合并的主要动因有：

1. 节约成本

通常，一家企业通过企业合并取得所需设备和生产能力，比自己新建同样设备、形成同样生产能力更为节约成本。

2. 降低风险

购买已有的产品生产线、接受现有的市场，通常要比开发新的产品、拓展新的市场风险小。当企业以分散风险为目标实施企业合并时，尤其如此。

3. 能较早利用生产能力

通过企业合并取得的固定资产，可望在短期内投入运行，较早地转化为生产能力。而企业新建设备需要政府有关部门的批准，并且会耗用几年的建造时间，从而贻误生产时机。

4. 取得无形资产

企业合并可能是为了取得有形的经济资源，但更可能是为了取得无形资产，如专利权、专营权、管理技术、优越的地理位置，甚至是进出口特许权等。这可能是有些企业合并的主要动因。

5. 税务优惠

通过企业合并，组建企业集团，可以得到税收上的优惠。我国和有些国家的税法、税务条例，对企业集团的增值税、所得税都给予了优惠条件，如符合税法规定条件的企业合并，可按税法规定享受所得税递延纳税优惠政策。

企业合并的实质就是通过某种方式把两个或两个以上具有法律独立实体地位的企业合并成一个经济实体。企业仅通过自身的内部积累来扩大经营规模是缓慢的，直接而有效的方式是收购、兼并其他企业，从而实现迅速成长、建立可靠的原材料供应基地、开辟新的市场、开展多种经营。可以说，在现代市场经济中，企业合并是司空见惯的现象。

企业合并的方式一般有三种：

1. 新设合并

由两家或两家以上的企业合并起来成立一家新的企业，参与合并的各方在合并后其法人资格均被注销。

2. 吸收合并

由一家企业兼并另一家或一家以上的企业，被兼并的企业宣告解散，失去法人资格，并予以注销。吸收合并后，其中一家企业继续存在，其他企业随即解散。

3. 控股合并

一家企业通过合并取得另一家企业的控制权，前者取得了控制地位，称为母公司或控股公司，也称为合并方（或购买方），合并方确认企业合并形成的对被合并方的投资；后者称为子公司，也称为被合并方（或被购买方），在合并后仍保持其法人资格，并继续经营。

在企业合并的三种方式中，只有控股合并需要编制合并财务报表。

合并财务报表是指反映母公司和其全部子公司形成的企业集团整体财务状况、经营成果和现金流量的财务报表。合并财务报表应由母公司编制，其具体组成内容应包括合并资产负债表、合并利润表、合并现金流量表、合并所有者权益变动表及报表附注。

由于合并财务报表是以母、子公司组成的企业集团作为一个会计主体，以母、子公司各自的个别财务报表为基础编制的，因而，它不同于个别财务报表，其主要特点表现在：

1. 反映的对象不同

合并财务报表反映的对象是由若干个法人组成的会计主体（是经济意义上而不是法律意义上的主体）；个别财务报表反映的对象是单个的企业法人。

2. 编制的原则不同

合并财务报表只是由对其他企业有控制权的控股公司（母公司）编制，不是所有企业都要编制（即便在集团公司内部也是如此）；个别财务报表是由独立法人编制，而且所有企业都必须编制。

3. 编制的基础不同

合并财务报表是以纳入合并范围的个别财务报表为基础，通过抵消有关会计事项对财务报表的影响编制的，不需要设置账簿体系；个别财务报表的编制，从设置账簿、审核凭证直至编制财务报表都必须完全按照完整的会计核算体系来进行，方法固定。

如果说 1+1=2 是汇总财务报表，那么，1+1≠2 就是合并财务报表。与汇总财务报表相比较，合并财务报表又具有以下特点：

1. 编制的目的不同

合并财务报表编制的目的是满足集团公司的所有者、债权人以及其他方面的利益关系主体了解企业集团整体财务状况、经营成果和现金流量的需要；而汇总财务报表编制的目的则是满足国家或行政管理部门了解和掌握某一行业或下属企业财务状况、经营成果及现金流量的需要。

2.编制的范围不同

合并财务报表只是以母公司对另一个（或多个）企业的控制关系作为编报范围的依据；而汇总财务报表则以财务上的隶属关系作为确定编报范围的依据。

3.编制的方法不同

合并财务报表必须采用抵消内部投资、债权债务以及内部销售等集团内部交易对个别财务报表的影响后编制；而汇总财务报表则通过项目的简单加总进行编制。

合并财务报表的编制主体是企业集团中的母公司，而母公司在编制合并财务报表时，首先要确定其合并范围。

合并财务报表的合并范围是指纳入合并财务报表编报的子公司的范围，主要明确哪些子公司应当包括在合并财务报表的编报范围之内，哪些子公司不应当包括在合并财务报表的编报范围之内。

合并范围"应当以控制为基础予以确定"，即不论拥有权益性资本的比例为多少，只要能够控制，均应纳入合并范围。

控制的方式主要有两种：

1.以所有权方式达到控制的目的

这是指一方拥有另一方半数以上有表决权的资本，包括直接拥有、间接拥有、直接拥有加间接拥有。

2.以所有权加其他方式达到控制的目的

这是指一方拥有另一方有表决权资本的比例虽然不超过半数，但通过其拥有的表决权资本和其他方式达到控制。例如，通过与被投资单位其他投资者之间的协议，拥有被投资单位半数以上的表决权；根据公司章程或协议，有权决定被投资单位的财务和经营政策；有权任免被投资单位的董事会或类似机构的多数成员；在被投资单位的董事会或类似机构占多数表决权。

合并财务报表的分析包括合并财务报表项目的分析和合并财务报表的综合分析。而对合并财务报表抵消项目的分析是对合并财务报表项目分析的重要内容，具体又分为合并资产负债表抵消项目的分析、合并利润表抵消项目的分析和合并现金流量表抵消项目的分析。

对合并资产负债表抵消项目的分析，重点要分析合并企业之间的投资项目、债权与债务项目、进销交易项目以及合并企业之间发生的其他对合并资产负债表有影响的内部交易项目。合并利润表抵消项目的分析，重点要分析合并企业之间的商品购销项目、投资收益项目、费用收支项目以及合并企业之间发生的其他对合并利润表有影响的内部交易项目。对合并现金流量表抵消项目的分析，应重点关注合并企业之间发生的现金投资项目、以现金形式收到的投资收益项目、以现金结算的债权债务项目、合并企业之间发生的当期销售商品产生的现金流量项目、合并企业之间发生的处置固定资产等收回的现金项目，以及合并企业之间发生的其他产生现金流量的交易项目。

合并财务报表分析的方法与个别财务报表分析的方法基本一样，分析指标的计算方法以及应用方法几乎没有大的差异，但由于合并财务报表是以个别财务报表为基础，经过复杂的合并程序编制而成的，分析时还要增加如下合并财务报表分析所特有的程序：

1.掌握企业集团的形态

企业集团的形态对合并财务报表的数据有很大影响，因此，进行合并财务报表分析时，掌握被分析企业集团的实际状况和特点非常重要。

2.确认合并原则和会计准则

对多个企业集团进行合并财务报表分析时，应注意各个集团的合并原则可能不一样，特别是遵循不同国家的合并会计准则，合并财务报表所反映的内容也不一样。在我国，发行外资股的公司，可以提供按国际会计准则或者境外主要募集行为发生地会计准则调整的财务报告。对发行外资股的企业集团，应注意所利用的分析资料在会计准则的应用上是否同质。

3.比较合并财务报表与个别财务报表

由于编制合并财务报表时要对合并企业之间的债权债务以及内部交易进行抵消，与个别财务报表比较起来看，经营成果的变动幅度会比较明显，经营状况的变化比较容易解读，这可以为母公司的财务报表分析提供有用的信息，而且，通过对合并财务报表与个别财务报表的比较，还可能发现利用子公司的利润操纵行为。

对合并财务报表分析的内容既包括增减分析，又包括比率分析。

增减分析是比较母公司的个别财务报表与合并财务报表的各个项目的金额，对其增减金额进行调查的分析方法。增减分析方法可以用来分析如下事项：

（1）与母公司的规模相比较，子公司群的规模。

（2）合并对母公司的经营成果、财务状况和现金流量带来什么影响。

（3）有无利用企业集团间的交易进行财务数据操纵。

（4）企业集团的经营管理体制如何。

主要报表项目的增减分析以及分析要点如下：

（1）总资产的增减。

合并财务报表的总资产金额与母公司个别财务报表的总资产金额相比，如果增加额很小，可能存在如下情况：

一是集团内部存在大量累计损失的企业；

二是集团内部存在大额未实现损益的内部交易；

三是母、子公司间存在大量的债权债务。

（2）应收、应付账款的增减。

一般情况下，在横向合并的企业集团中，母公司和子公司之间的交易不会太多，因此，由于母、子公司之间的债权债务抵消金额不会很大，合并财务报表所反映的应收、应付账款金额应该比母公司个别财务报表所反映的金额大。

反之，在纵向合并的企业集团中，母公司和子公司之间的交易会比较多。由于母、子公司之间的债权、债务抵消金额比较大，合并财务报表所反映的应收、应付账款金额应该比母公司个别财务报表所反映的金额小。

（3）存货的增减。

合并财务报表所反映的存货金额与母公司个别财务报表所反映的金额相比，如果增加很多，可能存在如下情况：

一是子公司的销售有困难；

二是母公司将存货转移给了子公司；

三是存货内部销售未抵消。

（4）债权债务的增减。

因集团内部的资金借贷产生的债权债务，在编制合并财务报表时会被抵消，因此，合并财务报表所反映的金额与母公司个别财务报表所反映的金额相比会减少，但如果减少额异常，应该考虑母公司是否给予了子公司很多的资金援助。

（5）固定资产的增减。

合并财务报表所反映的固定资产金额，应该比母公司的多，但是，增加的程度因被合并子公司的企业形态而异，如果制造行业的子公司多，固定资产的增加额就会比较大。

（6）未分配利润的增减。

合并财务报表与母公司个别财务报表相比，如果未分配利润增加，则说明被合并子公司的盈利能力比较强。如果减少的话，则说明被合并子公司中有亏损企业。

（7）营业损益项目的增减。

合并财务报表与母公司个别财务报表相比，如果营业收入的增加很小，应该考虑母、子公司之间的内部交易很大。

（8）期间费用项目的增减。

合并财务报表与母公司个别财务报表相比，如果期间费用的增减很小，应该考虑母、子公司之间是否存在固定资产的租赁交易。母、子公司之间的广告代理、业务委托等交易也会导致上述结果。

比率分析包括倍数分析和比较分析两种形式。倍数分析是以母公司个别财务报表的数据为分母，以合并财务报表的数据为分子，计算合并对个别的倍数，据以分析判断的方法。比较分析是分别计算合并财务报表与个别财务报表的比率指标，对其进行比较判断的方法。这两种方法的分析要点如下：

（1）倍数分析。

倍数分析的公式如下：

$$合并倍数=\frac{合并报表的相应数据（本期合并销售收入等）}{个别报表的相应数据（本期销售收入等）}$$

在这个公式中可以代入各种项目进行计算，比较典型的项目有本期净利润等。倍数分析是用比率反映的增减分析，即将绝对数的比较转换为相对数的比较，这种指数化方法可以使判断变得更加容易。鉴于倍数分析是增减分析的指数化，因此，倍数分析的要点可以参考增减分析。

应用合并倍数进行分析时需要注意，合并倍数高不一定表示被合并子公司群的业绩优良，因为在母公司经营恶化、利润减少时，也会产生合并倍数高的结果。

（2）比较分析。

①总资产收益率的比较。

$$总资产收益率=\frac{净利润}{总资产平均余额}\times100\%$$

一般情况下，采用权益结合法的企业集团，其合并财务报表的总资产收益率往往比较高。另外，被合并子公司的少数股东较多的情况下，总资产收益率往往比较低。

②销售（营业）利润率的比较。

$$销售（营业）利润率=\frac{利润总额}{营业收入（主营业务收入）净额}\times100\%$$

一般情况下，纵向合并的企业集团，其合并财务报表的销售（营业）利润率往往比较高。

③总资产周转率的比较。

$$总资产周转率=\frac{营业收入（主营业务收入）净额}{总资产平均余额}$$

一般情况下，横向合并的企业集团，其合并财务报表的总资产周转率往往比较高；纵向合并的企业集团，其合并财务报表的总资产周转率往往比较低。

④流动比率的比较。

$$流动比率=\frac{流动资产}{流动负债}$$

根据被合并子公司的企业形态对债权债务抵消程度的影响，母公司与企业集团的流动资产、流动负债的金额增减可能变化较大，但是在流动比率上一般没有很大的差异。

⑤固定长期适合比率的比较。

$$固定长期适合比率 = \frac{固定资产}{所有者权益 + 非流动负债} \times 100\%$$

固定长期适合比率是反映企业自有资本和长期借款可以支付取得固定资产成本的程度。通过该指标，可以了解企业对固定资产的投资有无稳定的资金来源。同流动比率一样，该指标无论合并还是个别都没有很大的差异。

对合并财务报表进行分析是一个复杂的过程，分析时除正确使用技术方法，比较出合并财务报表与个别财务报表、汇总财务报表的差异，还要广泛阅读、理解企业集团的其他主要财务报表及相关资料，密切联系宏观经济环境及行业竞争环境、微观战略方针及经营策略、企业近年来的财务状况及经营成果趋势等方面的信息，并用准确的职业判断去甄别、借鉴，将定量分析与定性分析结合起来方能得出相对客观、真实的结论。

分部报告是资产负债表和利润表两张主表的一张综合附表，它是反映企业各行业、各地区经营业务的收入、成本、费用、营业利润、资产总额以及负债总额等情况的财务报告。分部提供会计信息的目的，就是让信息使用者了解企业各行业、各地区的分布规模、利润情况以及发展趋势等资料，使他们能够对企业作出更加准确的判断。

报表使用者可以采用一定的分析方法，对分部报告进行分析，以获取有用的信息。传统的财务报表分析方法（如比较分析法、趋势分析法、比率分析法等）也适用于对分部报告的分析。从分部报告的目的出发，结合企业管理部门设定的目标和管理战略，投资者通常采用以下方式对可报告分部的业绩进行分析：

（1）确认和比较不同报告分部的增长率水平、销售水平、利润水平，确定整个企业增长率变动的原因；

（2）计算每一个可报告分部的非企业间销售和利润对整个企业销售和利润的贡献大小，以确定每一分部的相对重要性；

（3）计算每一个可报告分部的经营收益率和资产经营报酬率，以确定每一个分部的相对获利能力与整个企业获利水平的关系；

（4）计算每一个报告分部的总资产变动趋势，借以更好地理解管理层的有关资源配置决策以及每一个报告分部和总公司对资本的要求；

（5）比较每一个报告分部的资产相对分布百分比，以评价企业资产的变动特点；

（6）运用资产周转率、经营获利率和资产报酬率等指标进行综合分析，以确定资产周转率和获利指标对每一个分部资产报酬率指标的影响，并解释每一个分部对整个企业资产回报变动的影响。

四、主要公式

1. 合并倍数 = $\dfrac{\text{合并报表的相应数据(本期合并销售收入等)}}{\text{个别报表的相应数据(本期销售收入等)}}$

2. 总资产收益率 = $\dfrac{\text{净利润}}{\text{总资产平均余额}} \times 100\%$

3. 销售(营业)利润率 = $\dfrac{\text{利润总额}}{\text{营业收入(主营业务收入)净额}} \times 100\%$

4. 总资产周转率 = $\dfrac{\text{营业收入(主营业务收入)净额}}{\text{总资产平均余额}}$

5. 流动比率 = $\dfrac{\text{流动资产}}{\text{流动负债}}$

6. 固定长期适合比率 = $\dfrac{\text{固定资产}}{\text{所有者权益 + 非流动负债}} \times 100\%$

除合并倍数外，其他5个公式均在运用比较分析法对合并财务报表与个别财务报表进行比较时采用。

五、备考演练

（一）单项选择题

1. （　　）是市场经济发展的必然产物。

A. 企业合并　　　　　　　　　　B. 企业重组

C. 企业扩张　　　　　　　　　　D. 节约成本

2. 在合并财务报表分析体系中，倍数分析是（　　）的一种具体表现形式。

A. 横向分析　　　　　　　　　　B. 纵向分析

C. 增减分析　　　　　　　　　　D. 比率分析

3. 倍数分析的分母是（　　）。

A. 总资产平均余额　　　　　　　B. 所有者权益加流动负债

C. 个别财务报表的相应数据　　　D. 合并财务报表的相应数据

4. 下列各项中，不属于合并财务报表编制的前提及准备事项的有（　　）。

A. 统一母、子公司的财务报表决算日

B. 统一母、子公司的会计期间

C. 统一母、子公司的会计政策

D. 统一母、子公司采用的会计科目

5. 按照我国相关制度的规定：对以外币表示的资产负债表进行折算时，所有者权益类项目中除（　　）项目外，均按照发生时的市场汇率折算。

A.实收资本   B.资本公积

C.盈余公积   D.未分配利润

6.（   ）实质上是未被控制的股东所持有的股权。

A.少数股权   B.合并价差

C.外币报表折算差额   D.间接拥有

7.合并报表的合并范围应该是以（   ）为基础予以确定。

A.权责发生制   B.收付实现制

C.控制   D.数量大小

8.企业集团的子公司如果放在境外，其编报的个别财务报表应该以（   ）为记账本位币。

A.美元   B.英镑

C.当地货币   D.人民币

9.合并资产负债表是反映（   ）作为一个会计主体的财务状况的报表。

A.子公司   B.企业集团

C.被投资企业   D.接受投资企业

10.（   ）的实质是通过某种方法把两个或两个以上具有法律独立实体地位的企业合成一个经济实体。

A.新设合并   B.企业合并

C.吸收合并   D.控股合并

（二）多项选择题

1.企业合并的方式通常有（   ）。

A.新设合并   B.联合合并

C.吸收合并   D.控股合并

E.重组合并

2.企业合并的动因是多方面的，但从微观经济学角度出发，其主要动因有（   ）。

A.节约成本   B.降低风险

C.较早利用生产能力   D.取得无形资产

E.获得税收优惠

3.合并报表应由母公司编制，其具体组成内容包括（   ）。

A.合并资产负债表   B.合并利润表

C.合并现金流量表   D.合并所有者权益变动表

E.合并成本费用表

4.在编制合并财务报表时，子公司除了应当向母公司提供报表外，还应当向母公司提供的有关资料是（   ）。

A.与母公司不一致的会计政策及其影响金额

B.与母公司不一致的会计期间的说明

C.与母公司、其他子公司之间发生的所有内部交易的相关资料

D.所有者权益变动的有关资料

E.编制合并财务报表所需要的其他资料

5.以所有权方式达到控制的目的是控制的主要方式之一，具体包括的形式有（　　）。

A.全部拥有 　　　　　　　B.部分拥有

C.直接拥有 　　　　　　　D.间接拥有

E.直接拥有加间接拥有

6.合并财务报表分析体系应包括的内容有（　　）。

A.确定合并范围 　　　　　B.合并财务报表本体分析

C.与个别财务报表的比较分析 　D.增减分析

E.比率分析

7.在下列公式中，属于合并报表比较分析的有（　　）。

A.总资产收益率 　　　　　B.销售利润率

C.总资产周转率 　　　　　D.流动比率

E.固定长期适合比率

8.合并利润表与单个利润表中不同的项目有（　　）。

A.外币报表折算差额 　　　　B.归属于母公司所有者的净利润

C.商誉 　　　　　　　　　D.少数股东损益

E.少数股东权益

9.合并资产负债表与单个资产负债表中不同的项目有（　　）。

A.外币报表折算差额 　　　　B.归属于母公司所有者权益合计

C.商誉 　　　　　　　　　D.少数股东损益

E.少数股东权益

10.在下列项目中，属于编制合并现金流量表时应抵消的项目有（　　）。

A.合并企业之间的投资收益项目

B.合并企业之间的现金投资项目

C.合并企业之间的购销交易项目

D.合并企业之间发生的以现金结算的销售收入

E.合并企业之间发生的以现金结算的债权债务

（三）判断题

1.企业合并是计划经济发展的必然产物。 （　　）

2.通过企业合并能实现优质资源重组，加大企业的竞争优势。 （　　）

3. 合并财务报表是按照"1+1=2"的数学关系式计算编制的。　　　　（　　）

4. 新设合并在完成合并后，合并企业与被合并企业组成一家新企业，原企业不具有法人地位。　　　　（　　）

5. 合并范围确定的原则是"投资+控制"。　　　　（　　）

6. 以所有权方式达到控制的目的是控制的唯一方式。　　　　（　　）

7. 少数股东权益必须列入合并资产负债表中，并且其数量未必少。（　　）

8. 在对合并财务报表与个别财务报表进行比较分析前，应确定好合并的原则。　　　　（　　）

9. 对合并财务报表进行分析时，既可以采用增减分析的方法，也可以采用比率分析的方法。　　　　（　　）

10. 应用合并倍数进行分析时，合并倍数高就意味着合并子公司群的业绩优良。　　　　（　　）

（四）计算题

大洋公司是一家以经营日用百货为主的中等规模的集团公司，202×年的有关资料见表7-1。大洋公司上一年销售利润率为18%，总资产周转率为0.5次，202×年销售收入为400万元，其中赊销收入为200万元，销售成本为250万元，期间费用为100万元，其中，利息费用6万元，所得税税率为25%。

表7-1　　　　　　　　　　　资产负债表（简表）

编制单位：大洋公司　　　　　　202×年12月31日　　　　　　　　单位：万元

资产	期末余额	上年年末余额	负债和所有者权益	期末余额	上年年末余额
货币资金	50	40	流动负债合计	90	110
应收账款	70	60	非流动负债合计	100	155
存货	120	80	负债合计	190	265
其他流动资产	30	15	所有者权益合计	280	280
流动资产合计	270	195			
固定资产原值	300	500			
减：累计折旧	100	150			
固定资产净值	200	350			
资产总计	470	545	负债和所有者权益总计	470	545

要求：根据以上资料，分别计算202×年年末的下列指标：

（1）反映企业偿债能力的流动比率、速动比率、资产负债率、已获利息倍数；

（2）反映企业营运能力的总资产周转率、应收账款周转率、存货周转率；

（3）反映企业盈利能力的销售利润率、成本费用利润率、总资产报酬率、净资产收益率；

（4）反映企业资产增长能力的总资产增长率；

（5）反映企业固定资产生产能力的固定资产成新率；

（6）根据以上计算结果对集团公司202×年的财务状况作出分析评价。

项目八　财务报表综合分析

一、学习目标

通过本项目的学习，了解财务报表综合分析的性质、作用及指标体系的构成内容，掌握相关指标的计算与分析方法，能够运用综合分析的指标体系，对企业的财务形势作出判断与评价。培养学生公正、独立、依法执业的职业道德和严谨细致的工作作风，以及运用现代信息技术对财务及相关信息进行系统、辩证分析与应用的信息素养。

二、预习要览

（一）关键概念

1. 财务报表综合分析　　　　　2. 财务报表综合分析指标体系

3. 盈利能力　　　　　　　　　4. 发展能力分析

5. 营业利润率　　　　　　　　6. 净资产收益率

7. 总资产报酬率　　　　　　　8. 股利支付率

9. 市盈率　　　　　　　　　　10. 普通股每股收益

11. 普通股每股股利　　　　　　12. 营运能力

13. 总资产周转率　　　　　　　14. 流动资产垫支周转率

15. 偿债能力　　　　　　　　　16. 可持续增长率

17. 社会贡献总额　　　　　　　18. 社会贡献率

19. 社会积累率　　　　　　　　20. 盈利能力分析

（二）关键问题

1. 作为数字经济时代的财务人员，你的主要岗位职责是什么？为什么？

2. 为什么要对企业的营运能力进行分析？通常使用哪些指标？

3. 什么是社会贡献总额？在常用的综合分析指标中为什么要设置和使用这一指标？

4. 作为一名企业员工，你最关注哪些指标？为什么？

5. 企业财务报表综合分析的核心是什么？为什么？

6. 作为企业的财务管理人员，你认为哪些指标能更直接地反映出企业的管理水平？为什么？

7. 财务报表综合分析的指标体系包括哪些内容？从加强企业内部管理角度出发，你认为还应该补充哪类指标？

8. 对盈利能力的分析应该包括哪些内容？为什么？

9. 什么是可持续发展能力？它对于企业的财务报表综合分析指标体系会产生什么作用？为什么？

10. 在国资委发布的《关于中央企业加快建设世界一流财务管理体系的指导意见》中指出："推动财务管理机制变革，加强关键指标硬约束"，其提到了哪些关键指标？测算哪些指标的平衡点？目的是什么？

三、重点与难点

财务报表综合分析，是以企业财务报表等核算资料为基础，通过对反映盈利能力、偿债能力、营运能力及发展能力等的各项指标进行分析，系统、全面、综合地对企业财务状况和经营成果进行剖析、解释和说明，从而对企业整体的财务形势和经济效益作出全面、客观、准确评价的分析方法。

企业的经营业绩关系到政府、投资者、债权人及其他利益相关者的利益，因此，只有对企业的经营业绩进行客观、科学、准确、综合的分析与评价，才能有助于以上各方作出正确的判断和决策，同时，也有助于企业管理者客观认识企业的管理水平和盈利能力，促使企业改善经营管理，提高经济效益。财务报表综合分析的作用主要体现在以下五个方面：

一是为投资人进行投资决策提供科学依据；

二是为债权人提供企业信誉和偿债能力方面的信息；

三是为政府和监管机构的宏观决策与管理提供信息支持；

四是为投资人对经营者进行激励和约束提供科学依据；

五是为管理者改善经营、强化管理提供信息服务。

财务报表综合分析指标体系，是在汇总相关指标并考评其实际价值后，从中筛选出的财务分析的重要指标。这些指标涵盖了企业盈利能力分析、偿债能力分析、营运能力分析和发展能力分析等方面，有利于对企业进行客观、公正的评价。

财务报表综合分析的指标体系的具体内容见表8-1。

表8-1　　　　　　　　　　财务报表综合分析的指标体系

综合指标	相关内容	相关指标
盈利能力	销售盈利能力	营业毛利率 营业利润率 营业净利率
	资产经营盈利能力	总资产报酬率
	资本经营盈利能力	净资产收益率
	上市公司盈利能力	普通股每股收益 普通股每股股利 股利支付率 市盈率

综合指标	相关内容	相关指标
营运能力	全部资产营运能力	总资产周转率
	流动资产营运能力	流动资产周转率 流动资产垫支周转率
	固定资产营运能力	固定资产周转率
偿债能力	短期偿债能力	流动比率 速动比率 现金比率
	长期偿债能力	资产负债率 已获利息倍数
发展能力	销售增长能力	营业增长率 总资产增长率
	可持续发展能力	可持续增长率

盈利能力是指企业在一定时期内获取利润的能力，它是评价企业经营管理水平的重要依据。盈利能力分析就是通过一定的分析方法，判断企业获取利润的能力，包括企业在一定会计期间内从事生产经营活动的盈利能力分析和企业在较长时期内稳定地获取较高利润的能力分析。盈利能力分析是企业财务分析的重点，企业经营的好坏最终可通过盈利能力表现出来，它也是企业利益相关单位了解企业、认识企业及企业内部改进经营管理的重要手段之一。

盈利能力分析是企业财务分析的核心，通过分析可以发现企业在经营管理中存在的问题，有利于企业及时改善财务结构，提高企业营运及偿债能力，促进企业持续稳定地发展。盈利能力分析主要通过不同的利润率指标分析，来满足各方信息使用者对财务信息的需求。其主要内容有：

（1）销售盈利能力分析指标。它包括营业毛利率、营业利润率、营业净利率等指标。企业的利润主要来源于销售商品，对销售盈利能力指标进行分析，有助于了解企业市场占有率，增强产品的市场竞争能力。

（2）资本与资产经营盈利能力分析指标。它包括净资产收益率、总资产报酬率等指标。对资本与资产经营盈利能力指标进行分析，有利于了解企业资本与资产的利用效率，分析其因素变化对利润的影响程度。

（3）上市公司盈利能力分析指标。它包括普通股每股收益、普通股每股股利、股利支付率、市盈率等指标。通过对上市公司盈利能力指标的分析，有利于了解上市公司的盈利水平，预测未来经营成果和财务发展状况。

营运能力是指企业利用现有资源创造效益的能力，即以较少的资金占用，在较短的时间获得较多的财富。企业资产运营的状况直接关系到资本增值的程度，同时也会对企业的盈利能力、偿债能力构成影响。资产的营运效率越高，企业的盈利能力越强，偿债能力也会越高；反之，资产营运效率越低，企业的获利能力就越弱，偿债能力就会越低。营运能力分析对企业财务状况的稳定和盈利能力的提高都有着重要的意义。

企业营运能力分析主要包括以下内容：

（1）全部资产营运能力分析。通过对总资产周转率、总资产产值率、总资产收入率等指标的分析，了解总资产周转的速度和总资产的利用效果，评价全部资产的营运能力。

（2）流动资产营运能力分析。通过对流动资产周转率、流动资产垫支周转率等指标的分析，了解流动资产周转的速度和流动资产的利用效果，评价流动资产的营运能力。

（3）固定资产营运能力分析。通过对固定资产周转率、固定资产产值率、固定资产收入率等指标的分析，了解固定资产周转的速度和固定资产的利用效果，评价固定资产的营运能力。

偿债能力是指企业偿还各种债务的能力，是企业对债务清偿的保证程度。债权人通常把偿债能力作为考察、评价企业的主要内容，并以此判断是否对企业放债；对企业经营者来说，进行偿债能力分析主要是优化企业的权益资本结构，提高企业承担财务风险的能力。因此，对企业来说，保持一个良好的偿债能力，是企业持续经营的重要前提。

偿债能力分析主要包括以下两个方面的内容：

（1）短期偿债能力分析。通过对企业短期偿债能力的分析，了解企业能否及时偿付到期的流动负债。

（2）长期偿债能力分析。通过对企业长期偿债能力的分析，了解企业能否及时偿付到期的非流动负债。

发展能力是指企业通过自己的生产经营活动，用内部形成的资金不断扩大积累而形成的发展潜能。企业未来的获利能力和资本实力是衡量和评价企业持续发展的根据。通过企业发展能力的分析，使经营者能够更好地了解企业的经济实力和经济能力持续发展的趋势。通过发展能力分析，有利于了解企业资产规模和发展水平。企业生产经营的增长离不开资产的增长，资产的增长是企业发展的物质保障，也是企业价值增长的基础，企业资产规模的增大反映了企业发展的水平。通过发展能力分析，有利于了解企业可持续发展的能力。一方面企业资产规模的不断扩大，表明企业经济实力的增强，能增强投资者的投资信心，为企业进一步筹资提供了保障；另一方面留存收益的积累也为企业的进一步发展提供了条件。

发展能力分析主要包括以下两个方面的内容：

（1）销售增长能力分析。它主要包括营业增长率和总资产增长率两个指标。营业增长率反映企业营业状况的变动趋势，预示企业是否有较好的发展前景；总资产增长率反映企业总资产规模的增长变化，是企业经营现状的重要表现。

（2）可持续发展能力分析。它主要通过可持续增长率反映企业可持续获利水平的变化情况。

综上所述，财务报表综合分析以企业的财务报告等资料为基础，将各项财务分析指标作为一个整体，综合投资者、债权人、经营管理者等各方信息使用者的需要，系统地、全面地对企业在一定时期内的财务状况、经营成果进行剖析和评价，借以说明企业经济效益的优劣。在财政部颁布的《企业经济效益评价指标体系》中选择的经济效益指标，包括四个方面的十项指标：

一是反映盈利能力和资本保值增值能力的指标，具体包括营业利润率、总资产报酬率、资本收益率和资本保值增值率。

二是反映资产负债水平和偿债能力的指标，具体包括资产负债率、流动比率或速动比率。

三是反映营运能力的指标，具体包括应收账款周转率和存货周转率。

四是反映企业对国家或社会贡献水平的指标，具体包括社会贡献率和社会积累率。

四、主要公式

1.营业毛利率 = $\dfrac{营业毛利}{营业收入净额} \times 100\%$

该指标反映企业在销售环节的获利水平。通常，营业毛利率指标越高，企业的销售盈利能力就强，产品在市场上的竞争能力也越强。营业毛利率的高低与企业产品定价政策有关，并且不同行业间的营业毛利率也会有很大的差别。

2.营业利润率 = $\dfrac{营业利润}{营业收入净额} \times 100\%$

该指标反映企业成熟产品的销售盈利能力。该指标越高，反映企业营业创利能力越强，未来收益的发展前景越可观。营业利润率的高低与行业有关，因此，在分析时，应参照同行业的平均水平或先进水平进行评价。

3.营业净利率 = $\dfrac{净利润}{营业收入净额} \times 100\%$

该指标反映了企业销售创利水平。因净利润受多种因素的影响，所以分析时不能单纯根据该指标的高低作出评价，而应该结合行业特点、企业销售的增长情况和净利润的变动情况等因素，对企业的销售盈利能力和管理水平作出客观评价。

4.净资产收益率 = $\dfrac{净利润}{平均净资产} \times 100\%$

该指标反映了企业投资人的资本获利水平。通常情况下，这一比率越高，反映企业运用资本创造利润的效果越好；反之，说明资本的利用效果越差。

5.总资产报酬率=$\dfrac{利润总额 + 利息支出}{平均资产总额} \times 100\%$

该指标反映了企业总资产的利用效率，是评价企业资产获利能力的重要指标。分析时要结合行业特点，参照同行业平均水平或先进水平，并与企业的前期水平进行对比，进而作出客观评价。

6.普通股每股收益=$\dfrac{净利润}{发行在外的普通股股数}$

该指标反映了普通股的获利能力，是衡量上市公司盈利能力的一个重要财务指标，也是投资人最为关心的指标之一，它反映了上市公司的经营成果以及股东投资的报酬水平。该指标值越高，每股股票所获得的利润就越多，股东的投资效益就越好；反之，就越差。

7.普通股每股股利=$\dfrac{普通股股利总额}{发行在外的普通股股数}$

该指标反映了企业某一时期内每股普通股能够获得多少股利收益。每股股利的高低取决于上市公司盈利能力的强弱，同时，公司的股利分配政策和现金是否充沛也决定了每股股利的高低。

8.股利支付率=$\dfrac{普通股每股股利}{普通股每股收益} \times 100\%$

该指标反映了上市公司从当年的净利润中拿出多少分配给股东，它是比每股收益更能直接体现的收益。股利支付率主要取决于公司的股利分配政策，其高低并不能表明企业的经济效益。

9.市盈率=$\dfrac{普通股每股市价}{普通股每股收益}$

该指标反映投资者对每1元净利润所愿支付的价格，用来估计股票的投资报酬与风险。较高的市盈率说明上市公司具有潜在的成长能力。一般来说，市盈率越高，公众对该公司的股票评价越高，但投资风险也就越大。分析市盈率时应结合其他相关指标，因为某些异常的原因也会引起股票市价的变动，造成市盈率的不正常变动。另外，该指标不能应用于不同行业公司间的比较。

10.总资产周转率=$\dfrac{营业收入净额}{总资产平均余额}$

总资产周转天数=$\dfrac{360}{总资产周转率}$=$\dfrac{360 \times 总资产平均余额}{营业收入净额}$

该指标是评价企业全部资产营运能力最有代表性的指标，反映企业总资产在一定时期内创造了多少营业收入或周转额。该指标可以用来分析企业全部资产的使用效率，总资产周转率越高，表明总资产周转速度越快，说明资产的管理水平越高，企业运用全部资产进行经营的效率越高；反之，则说明企业运用全部资产进行经营的效率越低。

11. 流动资产周转率 $= \dfrac{营业收入净额}{流动资产平均余额}$

流动资产周转天数 $= \dfrac{360}{流动资产周转率} = \dfrac{360 \times 流动资产平均余额}{营业收入净额}$

该指标是反映企业流动资产周转速度和综合利用效率的指标。流动资产周转率越高，说明企业流动资产的经营利用效果越好，进而使企业的偿债能力和盈利能力得到加强；反之，则表明企业运用流动资产进行经营的效果越差，说明企业的偿债能力和盈利能力都会减弱。

12. 流动资产垫支周转率 $= \dfrac{营业成本}{流动资产平均余额}$

$\qquad\qquad\qquad = \dfrac{营业成本}{存货平均余额} \times \dfrac{存货平均余额}{流动资产平均余额}$

$\qquad\qquad\qquad = 存货周转率 \times 存货构成率$

该指标反映企业垫付流动资产的营运效率，通常情况下，存货周转速度的快慢以及存货占流动资产比重的变化都会对其产生重要影响。

13. 固定资产周转率 $= \dfrac{营业收入净额}{平均固定资产总值}$

固定资产周转天数 $= \dfrac{360}{固定资产周转率} = \dfrac{360 \times 平均固定资产总值}{营业收入净额}$

该指标是评价企业固定资产营运能力最有代表性的指标，反映了固定资产的周转状况和运用效率。一般情况下，固定资产周转率越高越好，该指标越高，说明企业固定资产的利用效果越好，资产经营风险越小，同时也表明企业固定资产投资得当，固定资产结构合理。

14. 流动比率 $= \dfrac{流动资产}{流动负债}$

该指标是衡量企业短期偿债能力的常用指标之一，反映企业短期债权的安全程度。理想的标准为2。

15. 速动比率 $= \dfrac{速动资产}{流动负债}$

速动资产是指现金和易于变现、可以随时用来偿还债务的那部分流动资产，一般由货币资金、短期投资、应收票据、应收账款等构成。由于扣除了流动资产中不易变现的存货和预付账款，所以该指标更能代表企业的短期偿债能力。速动比率理想的标准为1。

16. 现金比率 $= \dfrac{货币资金 + 有价证券}{流动负债}$

这里的现金是指企业的货币资金和现金等价物的总和。现金等价物是指三个月内到期的短期有价证券，它最能直接反映企业随时偿还短期债务的能力。该指标数值越高，说明企业短期偿债能力越强，但过高的现金比率意味着企业资金使用效果不佳，资金分布不合理。

17.资产负债率=$\dfrac{\text{负债总额}}{\text{资产总额}}\times100\%$

该指标是反映企业长期偿债能力，衡量企业对债权人权益的保障程度，显示企业财务风险的重要指标。该指标越低，表明企业偿债能力越强，对企业债权人来说，其信贷资金的安全性越好，风险越低。因此，债权人希望企业的资产负债率越低越好。但对企业所有者来说，在投资回报率高于债务利息率的情况下，资产负债率高，会使企业得到较多的投资回报，但风险也会随之加大。

18.已获利息倍数=$\dfrac{\text{息税前利润}}{\text{利息支出}}=\dfrac{\text{利润总额 + 利息支出}}{\text{利息支出}}$

该指标反映了企业以获取的利润承担借款利息的能力，是评价债权人投资风险程度的重要指标之一。已获利息倍数是从企业的盈利方面来考察其长期偿债能力，已获利息倍数越高，说明企业对偿还债务的保障程度越强。从长期来看，已获利息倍数至少应大于1，企业长期债务才有偿还的保障。

19.营业增长率=$\dfrac{\text{本期营业收入增长额}}{\text{前期营业收入}}\times100\%$

该指标表明企业营业收入的增减变动情况，是评价企业发展能力的重要指标。该指标越高，表明企业的产品越适销对路、价格合理，产品的质量和性能越能得到社会的认可，企业未来的发展前景越好。如果该指标较低，则说明企业未来的发展令人担忧。

20.总资产增长率=$\dfrac{\text{本期总资产增长额}}{\text{期初资产总额}}\times100\%$

该指标用资产规模来衡量企业的发展能力，表明企业规模增长水平对企业发展的影响。该指标越高，反映企业一定经营周期内资产规模的扩张速度越快。如果企业能在一个较长时期内持续稳定地保持总资产的增长，则有助于企业增强竞争能力。

21.可持续增长率=净资产收益率×（1-股利支付率）

该指标反映企业在保持目前经营策略和财务策略的情况下能够实现的增长速度。它与企业的融资和股利政策密切相关。可持续增长率越高，表明企业收益的未来增长速度越快；反之，则反映企业收益的未来增长速度越慢。

22.资本收益率=$\dfrac{\text{净利润}}{\text{平均实收资本}}\times100\%$

该指标反映企业运用投资者投入资本获取利润的能力。

23.资本保值增值率=$\dfrac{\text{期末所有者权益总额}}{\text{期初所有者权益总额}}\times100\%$

该指标反映投资者投入企业资本的运营效率与安全状况。

24.社会贡献率=$\dfrac{\text{企业社会贡献总额}}{\text{平均资产总额}}\times100\%$

该指标反映企业运用全部资产为国家或社会创造或支付价值的能力。其中，企业社会贡献总额包括：职工报酬（含奖金、津贴等工资性收入）、劳动保险、退休统筹及其他社会福利支出、利息支出净额、税金及附加、应交所得税及其他税收、净利润等。

25.社会积累率=$\dfrac{\text{上交国家财政总额}}{\text{企业社会贡献总额}}\times100\%$

该指标反映企业社会贡献总额中上交国家财政部分所占的比率。其中，上交国家财政总额包括应交增值税、应交所得税及其他税收等。

五、备考演练

（一）单项选择题

1.（　　）是以财务报表等核算资料为基础，以反映企业盈利能力、偿债能力、营运能力及发展能力为重点，对企业进行的系统、全面、综合的分析。

A.定量分析　　　　　　　　　　B.定性分析

C.专题分析　　　　　　　　　　D.综合分析

2.财务报表综合分析的核心是（　　）。

A.盈利能力分析　　　　　　　　B.营运能力分析

C.偿债能力分析　　　　　　　　D.发展能力分析

3.反映资本经营盈利能力的指标是（　　）。

A.营业利润率　　　　　　　　　B.净资产收益率

C.总资产报酬率　　　　　　　　D.股利支付率

4.反映上市公司盈利能力的指标是（　　）。

A.营业利润率　　　　　　　　　B.净资产收益率

C.总资产报酬率　　　　　　　　D.股利支付率

5.流动资产周转率的分母是（　　）。

A.现金及现金等价物　　　　　　B.流动资产平均余额

C.营运成本　　　　　　　　　　D.营业收入

6.流动资产垫支周转率的分子是（　　）。

A.现金及现金等价物　　　　　　B.流动资产平均余额

C.营业成本　　　　　　　　　　　D.营业收入

7.国际公认标准为1的比率是（　　　）。

A.速动比率　　　　　　　　　　　B.流动比率

C.资产负债率　　　　　　　　　　D.已获利息倍数

8.表明企业营业收入增减变动情况，评价企业发展能力的重要指标是（　　　）。

A.总资产增长率　　　　　　　　　B.营业增长率

C.可持续增长率　　　　　　　　　D.现金比率

9.表明企业在保持目前经营策略和财务策略的情况下所能实现的增长速度指标是（　　　）。

A.总资产增长率　　　　　　　　　B.营业增长率

C.可持续增长率　　　　　　　　　D.现金比率

10.能表明股东近期最直接收益的指标是（　　　）。

A.每股收益　　　　　　　　　　　B.每股股利

C.市盈率　　　　　　　　　　　　D.股利支付率

（二）多项选择题

1.财务报表综合分析指标体系中包含的综合指标有（　　　）。

A.盈利能力　　　　　　　　　　　B.偿债能力

C.营运能力　　　　　　　　　　　D.发展能力

E.现金支付能力

2.盈利能力分析包含的内容有（　　　）。

A.销售盈利能力分析　　　　　　　B.资本经营盈利能力分析

C.资产经营盈利能力分析　　　　　D.上市公司盈利能力分析

E.国有资本盈利能力分析

3.上市公司盈利能力分析主要通过（　　　）指标来进行。

A.每股收益　　　　　　　　　　　B.每股股利

C.市盈率　　　　　　　　　　　　D.股利支付率

E.每股现金净流量

4.分母是发行在外的普通股股数的指标有（　　　）。

A.每股收益　　　　　　　　　　　B.每股股利

C.市盈率　　　　　　　　　　　　D.股利支付率

E.每股现金净流量

5.营运能力分析包含的内容有（　　　）。

A.全部资产营运能力分析　　　　　B.流动资产营运能力分析

C.固定资产营运能力分析　　　　　D.无形资产营运能力分析

E.垫支流动资产营运能力分析

6.反映企业偿债能力的指标有（　　　）。

A.资产负债率　　　　　　　　　　B.已获利息倍数

C.流动比率　　　　　　　　　　　D.速动比率

E.现金比率

7.反映企业发展能力的指标有（　　　）。

A.固定资产周转率　　　　　　　　B.营业增长率

C.总资产增长率　　　　　　　　　D.可持续增长率

E.社会积累率

8.企业社会贡献总额包括的内容有（　　　）。

A.职工报酬　　　　　　　　　　　B.劳动保险

C.退休统筹及其他社会福利　　　　D.净利润及利息支出

E.上交的各种税收

9.反映企业对国家或社会贡献水平的指标有（　　　）。

A.可持续增长率　　　　　　　　　B.已获利息倍数

C.社会贡献总额　　　　　　　　　D.上交国家财政收入总额

E.市盈率

10.反映企业营运能力的指标有（　　　）。

A.总资产周转率　　　　　　　　　B.流动资产周转率

C.固定资产周转率　　　　　　　　D.存货周转率

E.应收账款周转率

（三）判断题

1.财务报表综合分析能为投资人、债权人、政府和监管机构、管理者等的科学决策提供客观、全面的信息服务。　　　　　　　　　　　　　　（　　）

2.营业净利率是反映企业发展能力的重要指标之一。　　　　　（　　）

3.流动比率和速动比率都是反映企业短期偿债能力的指标，所以越大对企业越有利。　　　　　　　　　　　　　　　　　　　　　　　　　（　　）

4.提高生产设备的产出率、生产设备的构成率以及生产用固定资产构成比率，都会对加速固定资产的周转起到积极作用。　　　　　　　　　（　　）

5.现金比率的分子是货币资金。　　　　　　　　　　　　　　（　　）

6.普通股每股收益是衡量上市公司盈利能力的重要指标。　　　（　　）

7.优化资产配置，使其更加合理，会提高资产的利用效率。　　（　　）

8.股利支付率主要取决于企业的经营业绩。　　　　　　　　　（　　）

9.净资产收益率是反映企业资产盈利能力的重要指标。　　　　（　　）

10.可持续增长率指标的高低取决于企业的净资产收益率和股利支付率。（　　）

（四）计算题

1.某企业年末流动负债60万元，速动比率2.5，流动比率3.0，营业成本81万元。已知年初和年末的存货余额相同。

要求：计算存货周转率。

2.某企业流动负债200万元，流动资产400万元，其中：应收票据50万元，存货90万元，长期待摊费用2万元，预付账款7万元，应收账款200万元（坏账损失率5‰）。

要求：计算该企业的流动比率和速动比率。

3.某公司202×年年末资产负债表简略形式见表8-2。

表8-2 资产负债表（简表）

编制单位：某公司　　　　　　　　202×年12月31日　　　　　　　　单位：元

资产	期末余额	负债和所有者权益	期末余额
货币资金	25 000	应付账款	
应收账款		应交税费	25 000
存货		非流动负债	
固定资产	294 000	实收资本	300 000
		未分配利润	
资产总计	432 000	负债和所有者权益总计	

已知：（1）期末流动比率1.5；

（2）期末资产负债率50%；

（3）存货周转率4.5次；

（4）本期营业成本315 000元；

（5）期末存货余额等于期初存货余额。

要求：根据上述资料，计算并填列资产负债表空项。

4.侨安公司是一家由东南亚归国侨胞组建的以生产塑胶制品为主的生产企业，202×年的资产负债表和利润表资料见表8-3和表8-4。

表8-3 资产负债表（简表）

编制单位：侨安公司　　　　　　　　202×年12月31日　　　　　　　　单位：万元

资产	期末余额	上年年末余额	负债和所有者权益	期末余额	上年年末余额
流动资产：			流动负债：		
货币资金	900	800	短期借款	2 300	2 000
交易性金融资产	500	1 000	应付账款	1 200	1 000

续表

资产	期末余额	上年年末余额	负债和所有者权益	期末余额	上年年末余额
应收账款	1 300	1 200	预收款项	400	300
预付款项	70	40	应付职工薪酬	30	50
存货	5 280	4 060	其他流动负债	70	50
其他流动资产			流动负债合计	4 000	3 400
流动资产合计	8 050	7 100	非流动负债：		
非流动资产：			长期借款	2 500	2 000
长期股权投资	400	400	应付债券		
固定资产	14 000	12 000	非流动负债合计	2 500	2 000
无形资产	550	500	负债合计	6 500	5 400
非流动资产合计	14 950	12 900	所有者权益：		
			实收资本	12 000	12 000
			资本公积		
			盈余公积	1 600	1 600
			未分配利润	2 900	1 000
			所有者权益合计	16 500	14 600
资产总计	23 000	20 000	负债和所有者权益总计	23 000	20 000

表8-4　　　　　　　　　　　利润表（简表）

编制单位：侨安公司　　　　　　　202×年度　　　　　　　　单位：万元

项目	本期金额	上期金额
一、营业收入	20 000	18 000
减：营业成本	12 200	10 700
税金及附加	1 200	1 080
销售费用	1 900	1 620
管理费用	1 000	800
研发费用		
财务费用	300	200
加：其他收益		
投资收益（损失以"-"号填列）	1 300	900

项目	本期金额	上期金额
公允价值变动收益（损失以"-"号填列）		
资产减值损失（损失以"-"号填列）		
资产处置收益（损失以"-"号填列）		
二、营业利润（亏损以"-"号填列）	4 700	4 500
加：营业外收入	150	100
减：营业外支出	650	600
三、利润总额（亏损总额以"-"号填列）	4 200	4 000
减：所得税费用（假定税率为40%）	1 680	1 600
四、净利润（净亏损以"-"号填列）	2 520	2 400
五、其他综合收益的税后净额		
六、综合收益总额	2 520	2 400
七、每股收益：		
（一）基本每股收益		
（二）稀释每股收益		

要求：分别计算下列指标，并作出分析评价。

（1）反映企业短期偿债能力的指标（流动比率、速动比率、现金比率）；

（2）反映企业长期偿债能力的指标（资产负债率、已获利息倍数，假定财务费用均为利息支出）；

（3）反映企业营运能力的指标（应收账款周转率、存货周转率、流动资产周转率），假定上年年初应收账款余额为1 100万元、存货余额为3 840万元、流动资产余额为6 000万元；

（4）反映企业盈利能力的指标（营业利润率、成本费用利润率、总资产报酬率、净资产收益率），假定上年年初总资产余额为19 000万元、所有者权益余额为13 000万元；

（5）反映企业发展能力的指标（营业收入增长率、总资产增长率）。

（五）案例分析题

爱华公司是以产销塑料制品为主营业务的公司，具有30多年的生产历史，产品远销国内外市场。但是，近5年来，国外同类进口产品不断冲击国内市场，由于进口产品价格较低，国内市场对它们的消费持续增长；国外制造商凭借较低的劳动力成本和技术先进的设备，其产品的成本也较低，公司前景不容乐观。

对此，公司想通过一项更新设备计划来增强自身的竞争力，拟投资400万元。新设备投产后，产量将提高，产品质量会得到进一步的改善，并能降低该产品的单位成本。公司202×年有关财务资料见表8-5至表8-7。

表8-5

利润表（简表）

编制单位：爱华公司　　　　　　　　202×年度　　　　　　　　单位：千元

项目	金额
营业收入	5 075 000
减：营业成本	3 704 000
销售费用	650 000
管理费用	568 000
其中：折旧费用	152 000
财务费用	93 000
利润总额	60 000
减：所得税费用（25%）	15 000
净利润	45 000

表8-6

资产负债表（简表）

编制单位：爱华公司　　　　　　　　202×年12月31日　　　　　　　　单位：千元

资产	期末余额	上年年末余额	负债和所有者权益	期末余额	上年年末余额
货币资金	25 000	24 100	应付票据	311 000	370 000
应收账款	805 556	763 900	应付账款	230 000	400 500
存货	700 625	763 445	应付职工薪酬	75 000	100 902
流动资产合计	1 531 181	1 551 445	流动负债合计	616 000	871 402
固定资产原价	2 093 819	1 691 707	非流动负债合计	1 165 250	700 000
减：累计折旧	500 000	348 000	负债合计	1 781 250	1 571 402
固定资产净值	1 593 819	1 343 707	实收资本	150 000	150 000
			资本公积	193 750	193 750
			留存收益	1 000 000	980 000
			所有者权益合计	1 343 750	1 323 750
资产总计	3 125 000	2 895 152	负债和所有者权益总计	3 125 000	2 895 152

表8-7   财务比率汇总表

编制单位：爱华公司

财务比率	年份			行业平均值
	上两年	上一年	202×年	
流动比率	1.7	1.8		1.5
速动比率	1.0	0.9		1.2
存货周转率（次）	5.2	5.0		10.2
平均收账期（天）	50	55		46
资产负债率（%）	45.8	54.3		24.5
已获利息倍数（倍）	2.2	1.9		2.5
毛利率（%）	27.5	28		26
净利率（%）	1.1	1.0		1.2
投资报酬率（%）	1.7	1.5		2.4

要求：

（1）计算202×年该公司的各项财务比率；

（2）通过横向与纵向对比，分析公司的总体财务状况，并对公司的经营能力、负债状况、资产的流动性、偿债能力和盈利能力分别进行分析；

（3）对公司更新设备的决策作出评价，它会给公司的财务带来哪些影响？你认为应采用何种筹资方式？

项目九　财务报表综合分析应用

一、学习目标

通过本项目的学习，了解财务分析与财务评价的相互关系，掌握杜邦分析法等综合分析技术方法的应用，能根据分析指标体系的计算结果，对企业财务形势作出全面、客观的综合评价。培养创新、敬业、忠诚、担当的职业精神，辩证思维的系统性专业能力和科学开展全面企业管理的大财务观，增强专业价值认同和民族自信。

二、预习要览

（一）关键概念

1.杜邦财务分析体系　　　　2.帕利普财务分析体系

3.单项指数　　　　　　　　4.基本指标

5.修正指标　　　　　　　　6.绩效评价

（二）关键问题

1.如何理解杜邦分析法？它具有哪些特点？

2.杜邦财务分析体系包括哪些内容？这些内容对杜邦分析法作用的发挥起到了怎样的作用？

3.用图示法描述杜邦分析体系中各指标之间的关系。

4.如何理解帕利普财务分析体系？它具有哪些特点？

5.帕利普财务分析体系包括哪些内容？这些内容对帕利普财务分析体系作用的发挥起到了怎样的作用？

6.用图示法描述帕利普财务分析体系中各指标之间的关系。

7.如何用人类命运共同体的理念，解读财务报表综合分析指标体系的意义？

8.简述绩效评价分析的特点及工作步骤。

9.什么是单项指数？应如何计算？

10.我国国有资本金绩效评价指标体系分为哪几个层次？各包括哪些内容？

三、重点与难点

杜邦财务分析体系又称杜邦分析法，它是利用各个主要财务比率之间的内在联系，综合地分析和评价企业财务状况和经营成果的方法。因为该方法最初是由美国杜邦公司创造的，所以称为杜邦财务分析体系。其主要特点是将几种反映盈利能力、营运能力的比率按其内在联系形成一个完整的指标体系，并最终通过净资产收益率这一核心指标来全面地、系统地、直观地反映出企业的财务状况。净资产收益率可以分解为营业净利率、总资产周转率以及权益乘数三者的乘积，这一关系式也是杜邦分析体系的核心。它们分别代表了企业的盈利能力、营运能力、偿债能力。通过对这三个因素的进一步分析，可以考察和评价企业的财务情况以及对企业利润的影响程度。但该指标体系较为机械，比较有代表性的指标不在分析体系范围内，对企业未来的发展能力也没有予以说明。

帕利普财务分析体系是在杜邦财务分析体系基础上进行的加工、补充和发展，它以可持续增长率指标为核心，将反映企业盈利能力、营运能力及偿债能力的指标联系在一起，使财务综合分析的方法体系更加完善。因为该体系是美国哈佛大学教授帕利普所创，所以称为帕利普财务分析体系。帕利普财务分析体系弥补了杜邦财务分析体系的不足，它将反映盈利能力、营运能力、偿债能力的指标有机地结合在一起，综合评价企业的财务状况和可持续发展能力。

在借鉴国外财务综合分析体系的基础上，我国实行了对中央企业综合绩效的评价制度。绩效评价的内容根据评价对象和评价目的的不同而有所不同。分析者既可以从经济活动的过程，即筹资活动、投资活动、经营活动和分配活动入手进行绩效评价，也可以从财务分析的角度，对盈利能力、营运能力、偿债能力和发展能力进行绩效评价。我国企业经济效益评价通常是从盈利能力状况、资产质量状况、债务风险状况以及经营增长状况这四个方面进行的综合评价。

企业绩效评价的特点主要表现在以下几个方面：

第一，以盈利能力状况为企业绩效评价的核心内容。企业绩效评价包括企业经济效益评价和经营者业绩评价。

第二，设置多方面、多层次的指标体系，反映企业各个方面的情况。

第三，以行业平均值作为评价基准，通过与行业平均值的对比分析，可以了解企业在同行业中所处的地位。

第四，定量分析与定性分析相结合。企业绩效评价指标体系一共有30个指标，其中定量指标有22个，定性指标有8个，对于绩效评价中很难量化的因素，采用定性指标加以对比分析。

第五，评价各环节可以采用电算化进行操作。运用计算机软件计算评价指标的实际分数，然后再根据标准值，计算出各项指标的得分，最后进行汇总评价打分。

企业绩效评价分析的工作步骤如下：

第一，选择经济效益评价指标。

第二，确定各项业绩指标的标准值。标准值的确定主要参考两个方面：一是采用国际上通用的指标标准；二是参考我国企业近三年的平均值。

第三，计算各项业绩指标的单项指数。单项指数是指各项经济指标的实际值与标准值之间的比值。

第四，确定各项业绩指标的权数。各项经济指标权数的确定，应依据各指标的重要程度而定，一般来说，某项经济指标越重要，其权数就越大；反之，权数就越小。

第五，计算综合经济指数。综合经济指数是以单项指数为基础，乘以各指标权数所得到的一个加权平均数。

第六，综合经济指数评价。一般情况下，综合经济指数达到100%，说明企业经营总体水平达到标准要求。该指标越高，经济效益水平越高；该指标越低，经济效益水平越低。

根据《中央企业综合绩效评价实施细则》的规定，国有资本金绩效评价应通过以下步骤来完成：

一是选择业绩评价指标。指标选择要根据分析目的和要求，考虑分析的全面性、综合性。根据财政部等部委颁布的国有资本金绩效评价体系，选择的指标由基本指标、修正指标、评议指标3个部分，盈利能力状况、资产质量状况、债务风险状况以及经营增长状况4种类别以及销售（营业）利润率等30个指标组成。

二是确定各项经济指标的标准值及标准系数，具体又包括基本指标标准值及标准系数和修正指标标准值及修正系数。

三是确定各项经济指标的权数。指标的权数根据评价目的和指标的重要程度确定。

四是计算各类指标的得分，具体又包括基本指标得分的计算、修正指标得分的计算以及评议指标得分的计算三个部分。

五是计算综合评价分数。计算综合评价分数要采用定量与定性相结合的计分方法，即将定量指标评价分数和定性指标评议分数，按照规定的权重拟合形成综合评价结果，再根据评议指标得分对定量评价结论进行校正，计算出综合评价得分。

六是确定综合评价等级。企业绩效评价结果以评价得分和评价类型加评价级别表示，并据此编制评价报告。

七是撰写评价报告。评价报告是企业经营绩效的综合评述文件，参照规定的文本格式编制。有关具体要求如下：

①报告内容应包括被评价企业基本概况及企业财务效益状况、资产营运状况、偿债能力状况、发展能力状况等四个主要方面绩效的文字描述。

②评价报告应明确评价年限、工作范围及所采用的评价标准值，评价结论要有充分的说服力。

③语言应简洁、规范，字数在2 000字左右。

④评语表达应含义明确，尽量避免产生歧义。

⑤对影响企业经营绩效评价结果的有关重要事项应进行充分披露。

⑥评价报告应标明评价时间和评价实施单位，并由评价负责人签名、盖章。

四、主要公式

1. 净资产收益率=营业净利率×总资产周转率×权益乘数

2. 可持续增长率=净资产收益率×（1-股利支付率）

3. 单项指数=$\dfrac{指标实际值}{指标标准值}$ 或 $\dfrac{指标标准值 - 实际值与标准值差额的绝对值}{指标标准值}$

4. 综合经济指数=$\sum$（某指标单项指数×该指标权数）

5. 基本指标

基本指标是评价企业绩效的核心指标，由反映4部分评价内容的8项计量指标构成，用以形成企业绩效评价的初步结论。

（1）净资产收益率，是指企业净利润与平均净资产的比率，它是反映投资者资本获得收益能力的指标。其计算公式为：

$$净资产收益率=\dfrac{净利润}{平均净资产}×100\%$$

$$其中：平均净资产=\dfrac{期初所有者权益 + 期末所有者权益}{2}$$

（2）总资产报酬率，是指企业息税前利润与平均资产总额的比率，它是用于衡量企业运用全部资产获利能力的指标。其计算公式为：

$$总资产报酬率=\dfrac{利润总额 + 利息支出}{平均资产总额}×100\%$$

$$其中：平均资产总额=\dfrac{期初资产总额 + 期末资产总额}{2}$$

（3）总资产周转率，是指企业在一定时期营业收入净额与平均资产总额的比率，它是综合评价企业全部资产经营质量和利用效率的重要指标。其计算公式为：

$$总资产周转率=\dfrac{营业收入净额}{平均资产总额}$$

（4）应收账款周转率，是指企业一定时期营业收入净额与应收账款平均余额的比率，是评价企业应收账款周转速度、管理质量和利用效率的指标。其计算公式为：

$$应收账款周转率=\frac{营业收入净额（赊销收入净额）}{应收账款平均余额}$$

$$其中：应收账款平均余额=\frac{期初应收账款余额＋期末应收账款余额}{2}$$

$$应收账款余额=应收账款净额+应收账款坏账准备$$

（5）资产负债率，是指企业负债总额与资产总额的比率，它是反映企业负债水平与偿债能力的情况，衡量企业对债权人权益的保障程度，显示企业财务风险程度的重要指标。其计算公式为：

$$资产负债率=\frac{负债总额}{资产总额}×100\%$$

（6）已获利息倍数，是指息税前利润与利息支出之间的比率，它是用于衡量企业偿债能力的指标。其计算公式为：

$$已获利息倍数=\frac{利润总额＋利息支出}{利息支出}$$

（7）销售（营业）增长率，是指本年营业收入增长额与上年营业收入的比率，它是反映企业销售（营业）收入增长情况的指标。其计算公式为：

$$销售（营业）增长率=\frac{本年营业收入－上年营业收入}{上年营业收入}×100\%$$

（8）资本保值增值率，是指扣除客观因素影响后的年末所有者权益与年初所有者权益的比率，它是用于衡量企业所有者权益的保持和增长幅度的指标。其计算公式为：

$$资本保值增值率=\frac{扣除客观增减因素的年末所有者权益}{年初所有者权益}×100\%$$

6.修正指标

修正指标用以对基本指标形成的盈利能力状况、资产质量状况、债务风险状况和经营增长状况的初步评价结果进行修正，以产生较为全面、准确的企业绩效评价结果，具体由14项计量指标构成。

（1）销售（营业）利润率$=\frac{营业利润}{营业收入}×100\%$

（2）盈余现金保障倍数$=\frac{经营现金净流量}{净利润}$

（3）成本费用利润率$=\frac{利润总额}{成本费用总额}×100\%$

其中：成本费用总额=营业成本+税金及附加+销售费用+管理费用+财务费用

（4）资本收益率$=\frac{净利润}{平均资本总额}×100\%$

其中：$\dfrac{\text{平均资本}}{\text{总额}}=\left[\left(\text{年初实收资本}+\text{年初资本公积}\right)+\left(\text{年末实收资本}+\text{年末资本公积}\right)\right]\div 2$

（5）$\dfrac{\text{不良资本}}{\text{比率}}=\dfrac{\text{资产减值准备余额}+\begin{matrix}\text{应提未提和应摊}\\\text{未摊的潜亏挂账}\end{matrix}+\text{未处理资产损失}}{\text{资产总额}+\text{资产减值准备余额}}\times 100\%$

（6）$\text{流动资产周转率}=\dfrac{\text{营业收入}}{\text{流动资产平均余额}}$

其中：流动资产平均余额＝（年初流动资产余额＋年末流动资产余额）÷2

（7）$\text{资产现金回收率}=\dfrac{\text{经营现金净流量}}{\text{平均资产总额}}\times 100\%$

（8）$\text{速动比率}=\dfrac{\text{速动资产}}{\text{流动负债}}$

其中：速动资产＝流动资产－存货－预付款项

（9）$\text{现金流动负债比率}=\dfrac{\text{经营现金净流量}}{\text{流动负债}}\times 100\%$

（10）$\text{带息负债比率}=\dfrac{\text{带息负债总额}}{\text{负债总额}}\times 100\%$

$=\dfrac{\text{短期借款}+\begin{matrix}\text{一年内到期的}\\\text{长期负债}\end{matrix}+\begin{matrix}\text{长期}\\\text{借款}\end{matrix}+\begin{matrix}\text{应付}\\\text{债券}\end{matrix}+\begin{matrix}\text{应付}\\\text{利息}\end{matrix}}{\text{负债总额}}\times 100\%$

（11）$\text{或有负债比率}=\dfrac{\text{或有负债平均余额}}{\text{所有者权益平均余额}}\times 100\%$

其中：$\dfrac{\text{或有负债}}{\text{余额}}=\begin{matrix}\text{已贴现}\\\text{承兑汇票}\end{matrix}+\text{担保余额}+\begin{matrix}\text{贴现与担保以外的}\\\text{被诉事项金额}\end{matrix}+\begin{matrix}\text{其他或}\\\text{有负债}\end{matrix}$

（12）$\text{销售（营业）利润增长率}=\dfrac{\text{本年营业利润}-\text{上年营业利润}}{\text{上年营业利润}}\times 100\%$

（13）$\text{总资产增长率}=\dfrac{\text{年末资产总额}-\text{年初资产总额}}{\text{年初资产总额}}\times 100\%$

（14）$\text{技术投入比率}=\dfrac{\text{当年科技支出合计}}{\text{当年营业收入净额}}\times 100\%$

7.基本指标得分的计算公式

基本指标反映企业的基本情况，是对企业绩效的初步评价。

（1）基本指标总分＝$\sum$分类指标得分

（2）分类指标得分＝$\sum$分类内各项基本指标得分

（3）单项基本指标得分＝本档基础分＋调整分

（4）本档基础分＝指标权数×本档标准系数

（5）调整分＝功效系数×（上档基础分－本档基础分）

$=\dfrac{\text{指标实际值}-\text{本档标准值}}{\text{上档标准值}-\text{本档标准值}}\times\left(\text{上档基础分}-\text{本档基础分}\right)$

　　（6）上档基础分=指标权数×上档标准系数

　　8.修正指标得分的计算公式

　　修正指标计分方法是在基本指标计分结果的基础上，运用修正指标对企业绩效基本指标计分结果所作的进一步调整。

　　（1）修正后得分=$\sum$（分类综合修正系数×分类基本指标得分）

　　（2）分类综合修正系数=$\sum$分类内单项指标的加权修正系数

　　（3）单项指标加权修正系数=单项指标修正系数×该项指标在本类指标中的权数

　　（4）单项指标修正系数=1.0+（本档标准系数+功效系数×0.2-该类基本指标分析系数）

　　（5）功效系数=$\dfrac{\text{指标实际值 - 本档标准值}}{\text{上档标准值 - 本档标准值}}$

　　（6）某类基本指标分析系数=$\dfrac{\text{该类基本指标得分}}{\text{该类指标权数}}$

　　9.管理绩效定性指标的计算公式

　　单项评议指标得分=$\dfrac{\sum（\text{单项评议指标权数 × 各评议专家给定的等级参数}）}{\text{评议专家人数}}$

　　10.综合绩效评价得分的计算公式

　　企业综合绩效评价得分=财务绩效定量评价分数×70%+管理绩效定性评价分数×30%

五、备考演练

（一）单项选择题

1.杜邦财务分析体系的核心指标是（　　　）。

　　A.权益乘数　　　　　　　　　　　B.1-股利支付率

　　C.净资产收益率　　　　　　　　　D.可持续增长率

2.帕利普财务分析体系的核心指标是（　　　）。

　　A.权益乘数　　　　　　　　　　　B.1-股利支付率

　　C.净资产收益率　　　　　　　　　D.可持续增长率

3.在杜邦财务分析体系的第一层次分解中，将（　　　）分解为营业净利率和总资产周转率两个因素的乘积。

　　A.权益乘数　　　　　　　　　　　B.净资产收益率

　　C.总资产收益率　　　　　　　　　D.可持续增长率

4.总资产与净资产的比率是（　　　）。

　　A.权益乘数　　　　　　　　　　　B.净资产收益率

　　C.总资产收益率　　　　　　　　　D.可持续增长率

5.可持续增长率指标是由净资产收益率和（　　）的乘积。

A.权益乘数　　　　　　　　　　B.1-股利支付率

C.总资产报酬率　　　　　　　　D.可持续增长率

6.（　　）越大，可持续增长率越低。

A.营业净利率　　　　　　　　　B.总资产周转率

C.权益系数　　　　　　　　　　D.股利支付率

7.绩效评价的主要特点之一是（　　）。

A.由客户分析　　　　　　　　　B.定量分析

C.定量分析与定性分析相结合　　D.定性分析

8.单项指数是指各项经济指标的实际值与标准值之间的比值，它适用于经济指标为（　　）。

A.正指标　　　　　　　　　　　B.反指标

C.所有指标　　　　　　　　　　D.正指标与反指标

9.当流动比率的标准值为200%，实际值为220%时，其单项指数为（　　）。

A.0.8　　　　　　　　　　　　 B.0.9

C.0.7　　　　　　　　　　　　 D.0.6

10.一般情况下，综合经济指数达到（　　），说明企业经营总体水平达到了标准要求。

A.90%　　　　　　　　　　　　 B.100%

C.80%　　　　　　　　　　　　 D.60%

（二）多项选择题

1.杜邦分析法是利用各个主要财务比率之间的内在联系，将反映企业（　　）的比率形成一个完整的指标体系，最终通过（　　）这一核心指标来全面、系统、综合地反映企业的财务状况。

A.发展能力　　　　　　　　　　B.偿债能力

C.盈利能力　　　　　　　　　　D.营运能力

E.净资产收益率

2.杜邦财务分析体系包含两大层次，分别对（　　）进行分解。

A.总资产收益率　　　　　　　　B.权益乘数

C.净资产收益率　　　　　　　　D.营业净利率

E.总资产周转率

3.帕利普财务分析体系以可持续增长率为核心，将反映企业（　　）的指标联系在一起，使财务分析的方法体系更加完善。

A.发展能力　　　　　　　　　　B.偿债能力

C.盈利能力　　　　　　　　　　D.营运能力

E.净资产收益率

4.净资产收益率可以分解为（　　）因素的乘积。

A.营业净利率　　　　　　　　　B.总资产周转率

C.权益乘数　　　　　　　　　　D.1-股利支付率

E.存货构成

5.在绩效评价的过程中，分析者可以从经济活动的过程入手来进行综合评价，具体过程包括（　　）活动。

A.筹资　　　　　　　　　　　　B.投资

C.经营　　　　　　　　　　　　D.分配

E.发行债券

6.我国企业绩效评价是从（　　）方面进行的综合评价。

A.领导能力　　　　　　　　　　B.盈利能力状况

C.债务风险状况　　　　　　　　D.资产质量状况

E.经营增长状况

7.在绩效评价中，属于对盈利能力状况进行评价的基本指标有（　　）。

A.净资产收益率　　　　　　　　B.资本保值增值率

C.总资产报酬率　　　　　　　　D.营业利润率

E.成本费用利润率

8.综合经济指数的计算结果取决于（　　）。

A.实际值　　　　　　　　　　　B.标准值

C.某指标单项指数　　　　　　　D.差异值

E.该指标权数

9.绩效评价结果以评价得分、评价类型、评价级别表示，评价类型包括（　　）。

A.优　　　　　　　　　　　　　B.良

C.中　　　　　　　　　　　　　D.低

E.差

10.计算综合评价分数要采用（　　）和（　　）相结合的计分方法。

A.专项　　　　　　　　　　　　B.定量

C.综合　　　　　　　　　　　　D.定性

E.预测

（三）判断题

1.杜邦分析法最终通过净资产收益率这一核心指标来全面、系统、直观地反映企业的财务状况。　　　　　　　　　　　　　　　　　　　　　（　　）

2.净资产收益率可以分解为总资产周转率和权益乘数的乘积。　　（　　）

3. 营业净利率也是杜邦财务分析指标体系的重要内容,而且属于第二层次的分解内容。 （ ）

4. 权益乘数越大,净资产收益率越高,财务风险越小。 （ ）

5. 帕利普财务分析体系是对杜邦财务分析体系的发展和完善。 （ ）

6. 帕利普财务分析体系的核心是净资产收益率。 （ ）

7. 可持续增长率的高低取决于净资产收益率和股利支付率两个因素。 （ ）

8. 绩效评价的内容根据评价对象和评价目的的不同而有所不同。 （ ）

9. 所有的业绩指标单项指数都等于该经济指标的实际值与标准值的比值。 （ ）

10. 各项经济指标权数的大小应依据各指标的重要程度而定,一般情况下,指标越重要,权数就越小。 （ ）

(四) 计算题

1. 单项指数计算

某企业的资产负债率为60%,流动比率为180%,资产负债率的标准值为50%,流动比率的标准值为200%。请计算资产负债率和流动比率的单项指数。

2. 基本指标得分计算

总资产报酬率的评价标准见表9-1。

表9-1 　　　　　　　　　　　　　总资产报酬率的评价标准

标准系数	优秀（1）	良好（0.8）	平均值（0.6）	较低值（0.4）	较差值（0.2）
指标值	14%	10%	8%	5%	2%

某企业该项指标实际完成值为11%,该项指标的权数为15分。请计算总资产报酬率的得分。

3. 修正系数计算

营业利润率的评价标准见表9-2。

表9-2 　　　　　　　　　　　　　　营业利润率的评价标准

标准系数	优秀（1）	良好（0.8）	平均值（0.6）	较低值（0.4）	较差值（0.2）
指标值	20%	16%	10%	6%	4%

某企业营业利润率的实际值为13%,该项指标的权数为14分,财务效益类指标的权数是40分,该类指标的实际得分是36分。请计算营业利润率指标的加权修正系数。

4. 评议指标得分计算

发展创新能力指标的等级参数为:优1分;良0.8分;中0.6分;低0.4分;

差0.2分。该指标的权数是14分。7名评议员的评议结果是：优等3人，良等3人，中等1人。请计算发展创新能力指标的得分。

5.净资产收益率分析

净资产收益率相关资料见表9-3。

表9-3 净资产收益率资料表 单位：万元

项目	上年	本年
平均资产总额	46 780	49 120
平均净资产	25 729	25 051
营业收入	37 424	40 278
净利润	3 473	3 557

要求：根据以上资料，按杜邦财务分析体系对净资产收益率的变动原因进行分析。

6.可持续增长率分析

可持续增长率相关资料见表9-4。

表9-4 可持续增长率资料表 单位：万元

项目	上年	本年
平均资产总额	68 520	74 002
平均净资产	41 112	40 701
营业收入	51 390	57 722
净利润	3 083	3 215
股利支付额	1 233	1 125

要求：根据以上资料，按帕利普财务分析体系对可持续增长率的变动原因进行分析。

吉达公司财务报表分析

吉达电器股份有限公司全体股东：

我们审计了后附的吉达电器股份有限公司（以下简称吉达公司）财务报表，包括2019年12月31日的资产负债表和2019年度的利润表、股东权益变动表、现金流量表及财务报表附注。

一、管理层对财务报表的责任

按照企业会计准则的规定编制财务报表是吉达公司管理层的责任。这种责任包括：①设计、实施和维护与财务报表编制相关的内部控制，以使财务报表不存在由于舞弊或错误而导致的重大错报；②选择和运用恰当的会计政策；③作出合理的会计估计。

二、注册会计师的责任

我们的责任是在实施审计工作的基础上对财务报表发表审计意见。我们按照中国注册会计师审计准则的规定执行了审计工作。中国注册会计师审计准则要求我们遵守职业道德规范，计划和实施审计工作以对财务报表是否不存在重大错报获取合理保证。

审计工作涉及实施审计程序，以获取有关财务报表金额和披露的审计证据。选择的审计程序取决于注册会计师的判断，包括对由于舞弊或错误导致的财务报表重大错报风险的评估。在进行风险评估时，我们考虑与财务报表编制相关的内部控制，以设计恰当的审计程序，但目的并非对内部控制的有效性发表意见。审计工作还包括评价管理层选用会计政策的恰当性和作出会计估计的合理性，以及评价财务报表的总体列报。

我们相信，我们获取的审计证据是充分、恰当的，为发表审计意见奠定了基础。

三、审计意见

我们认为，吉达公司的主要财务报表（见表A-1、表A-2、表A-3）已经按照现行《企业会计准则》的规定编制，在所有重大方面公允反映了吉达公司2019年12月31日的财务状况及2019年度的经营成果和现金流量。

汇华会计师事务所   中国注册会计师：孙浩源

             中国注册会计师：郑浣非

中国·长春市   2020年×月×日

表 A-1　　　　　　　　吉达公司的主要财务报表资产负债表

编制单位：吉达公司　　　　　　　　2019 年 12 月 31 日　　　　　　　　单位：人民币元

项目	合并年初数	公司年初数	合并年末数	公司年末数
流动资产：				
货币资金	1 417 085 462	1 065 118 299	2 120 038 297	1 595 877 944
交易性金融资产	—	—	—	—
应收票据	622 627 806	613 597 439	734 877 589	548 232 619
应收账款	381 535 897	275 661 469	731 120 036	261 438 092
预付款项	254 006 502	36 549 630	353 584 772	20 599 915
其他应收款	1 057 874 066	2 107 281 156	133 664 884	1 652 631 976
存货	1 123 325 956	679 131 994	1 945 617 637	961 962 539
其他流动资产	6 412 719	5 136 444	14 966 645	13 870 001
流动资产合计	4 862 868 408	4 782 476 431	6 033 869 860	5 054 613 086
非流动资产：				
债权投资	—	—	—	—
其他债权投资	—	—	—	—
长期应收款	85 602 908	51 602 908	34 000 000	—
长期股权投资	198 173 987	1 223 334 010	172 383 399	1 458 354 550
投资性房地产	—	—	—	—
固定资产	1 987 993 334	911 106 760	1 830 668 338	842 984 938
在建工程	203 889 025	74 194 868	288 800 890	79 383 292
无形资产	318 011 667	198 209 350	1 073 068 727	953 917 703
开发支出	—	—	—	—
商誉	—	—	—	—
长期待摊费用	—	—	—	—
递延所得税资产	—	—	—	—
其他非流动资产	—	—	—	—
非流动资产合计	2 793 670 921	2 458 447 896	3 398 921 354	3 331 640 483
资产总计	7 656 539 329	7 240 924 327	9 432 791 214	8 386 253 569

续表

项目	合并年初数	公司年初数	合并年末数	公司年末数
流动负债：				
短期借款	960 164 036	400 000 000	858 900 000	310 000 000
交易性金融负债	—	—	—	—
应付票据	942 591 729	1 075 014 036	1 938 635 005	1 940 688 655
应付账款	739 184 874	652 568 689	1 401 689 440	365 938 682
预收款项	337 665 921	300 245 037	456 523 479	414 162 842
应付职工薪酬	48 198 058	31 860 359	28 285 545	9 858 676
应交税费	39 849 854	62 552 141	（32 821 459）	（48 587 455）
其他应付款	616 790 396	519 065 990	406 206 061	649 808 149
一年内到期的非流动负债	65 233 515	60 000 000	405 517 722	400 000 000
其他流动负债	214 020 967	187 700 105	227 068 629	191 344 305
流动负债合计	3 963 699 350	3 289 006 357	5 690 004 422	4 233 213 854
非流动负债：				
长期借款	714 766 571	690 000 000	544 353 852	525 000 000
应付债券	—	—	—	—
长期应付款	75 822 128	564 141 950	62 778 960	393 369 437
预计负债	105 031 134	105 031 134	89 556 581	89 556 581
非流动负债合计	895 619 833	1 359 173 084	696 689 393	1 007 926 018
负债合计	4 859 319 183	4 648 179 441	6 386 693 815	5 241 139 872
股东权益：				
股本	992 006 563	992 006 563	992 006 563	992 006 563
资本公积	2 452 995 887	2 452 995 887	1 516 787 706	1 840 635 588
盈余公积	343 742 703	343 742 703	114 580 901	114 580 901
未分配利润	（1 211 930 161）	（1 196 000 267）	184 436 195	197 890 645
外币报表折算差额	（1 814 159）		919 576	—
归属于母公司股东权益合计	2 575 000 833	2 592 744 886	2 808 730 941	3 145 113 697
少数股东权益	222 219 313	—	237 366 458	—
股东权益合计	2 797 220 146	2 592 744 886	3 046 097 399	3 145 113 697
负债和股东权益总计	7 656 539 329	7 240 924 327	9 432 791 214	8 386 253 569

表 A-2 利润表

编制单位：吉达公司　　　　　　　　　2019年度　　　　　　　　　单位：人民币元

项目	合并上年累计数	公司上年累计数	合并本年累计数	公司本年累计数
一、营业收入	4 894 869 559	4 065 162 946	6 216 509 905	5 343 817 853
减：营业成本	3 852 539 111	3 209 655 362	4 483 202 710	4 321 611 797
税金及附加	265 104	214 873	362 373	306 774
销售费用	791 497 880	506 561 656	1 002 390 964	566 232 489
管理费用	59 899 332	62 038 190	64 897 076	61 675 644
财务费用	75 536 164	54 012 477	100 397 258	37 616 150
加：其他收益				
投资收益（损失以"−"号填列）	436 303 232	107 961 019	−507 200 607	−132 529 717
其中：对联营企业和合营企业的投资收益	251 732 886	38 756 327	253 432 856	34 584 625
公允价值变动收益（损失以"−"号填列）	—	—	—	—
资产减值损失（损失以"−"号填列）	−453 357 209	−250 154 331	157 036 099	−30 812 035
二、营业利润（亏损以"−"号填列）	98 077 991	90 487 076	215 095 016	193 033 247
加：营业外收入	9 941 494	1 584 742	10 402 787	7 196 799
减：营业外支出	4 099 764	866 017	5 494 299	2 339 401
其中：非流动资产处置损失	748 140	277 798	2 629 116	1 741 979
三、利润总额（亏损总额以"−"号填列）	103 919 721	91 205 801	220 003 504	197 890 645
减：所得税费用	3 031 454	—	11 676 111	
四、净利润	100 888 267	91 205 801	208 327 393	197 890 645
归属于母公司股东的净利润（净亏损以"−"号填列）	101 276 990	—	202 180 248	
少数股东损益（净亏损以"−"号填列）	−388 723	—	6 147 145	—
五、每股收益：				
（一）基本每股收益	—	0.10	—	0.20
（二）稀释每股收益	—	—	—	—

表 A-3   现金流量表

编制单位：吉达公司   2019 年度   单位：人民币元

项目	合并上年累计数	公司上年累计数	合并本年累计数	公司本年累计数
一、经营活动产生的现金流量：				
销售商品、提供劳务收到的现金	4 599 555 916	4 340 024 516	7 541 307 010	6 208 775 706
收到的税费返还	—	—	100 603 053	18 190
收到其他与经营活动有关的现金	24 638 444	13 772 281	8 624 168	8 641 980
经营活动现金流入小计	4 624 194 360	4 353 796 797	7 650 534 231	6 217 435 876
购买商品、接受劳务支付的现金	3 491 550 189	3 291 622 581	5 196 396 395	4 627 547 141
支付给职工以及为职工支付的现金	329 590 993	154 073 311	438 566 099	178 782 591
支付的各项税费	109 248 030	71 367 624	199 542 039	148 224 752
支付其他与经营活动有关的现金	194 020 388	213 147 377	805 809 947	611 505 524
经营活动现金流出小计	4 124 409 600	3 730 210 893	6 640 314 480	5 566 060 008
经营活动产生的现金流量净额	499 784 760	623 585 904	1 010 219 751	651 375 868
二、投资活动产生的现金流量：				
收回投资收到的现金	56 909 418	—		—
取得投资收益收到的现金	104 326 781	104 326 781	16 389 786	10 378 651
处置固定资产、无形资产和其他长期资产收回的现金净额	48 769 648	282 277	10 616 021	11 720 563
收到其他与投资活动有关的现金	100 210 258	100 210 258	5 732 504	8 416 587
投资活动现金流入小计	310 216 105	204 819 316	32 738 311	30 515 801
购建固定资产、无形资产和其他长期资产支付的现金	264 510 507	43 113 074	349 838 222	87 899 447
投资支付的现金	—	147 763 896	—	88 666 950
支付其他与投资活动有关的现金	603 452 809	598 051 003	662 686 299	555 675 410
投资活动现金流出小计	867 963 316	788 927 973	1 012 524 521	732 241 807
投资活动产生的现金流量净额	(557 747 211)	(584 108 657)	(979 786 210)	(701 726 006)
三、筹资活动产生的现金流量：				
吸收投资收到的现金	—	—	9 000 000	—
取得借款收到的现金	1 454 465 000	1 180 000 000	1 418 900 000	1 075 000 000
筹资活动现金流入小计	1 454 465 000	1 180 000 000	1 427 900 000	1 075 000 000
偿还债务支付的现金	1 272 530 166	1 190 000 000	1 350 165 357	990 000 000
分配股利、利润或偿付利息支付的现金	90 008 597	64 608 064	68 939 001	58 565 627
支付其他与筹资活动有关的现金	—	—	1 000 000	1 000 000
筹资活动现金流出小计	1 362 538 763	1 254 608 064	1 420 104 358	1 049 565 627
筹资活动产生的现金流量净额	91 926 237	(74 608 064)	7 795 642	25 434 373
四、汇率变动对现金及现金等价物的影响	1 477 790	—	2 037 353	—
五、现金及现金等价物净增加额	35 441 576	(35 130 817)	40 266 536	(24 915 765)
加：期初现金及现金等价物余额	651 196 564	381 358 836	686 638 140	356 228 019
六、期末现金及现金等价物余额	686 638 140	346 228 019	726 904 676	331 312 254

吉达公司财务报表附注（摘要）

一、公司概况

吉达电器股份有限公司是于1992年××月××日在中华人民共和国注册成立的股份有限公司，1996年××月××日，公司的459 589 808股境外公众股（H股）在香港联合交易所有限公司上市交易。1998年，公司获准发行110 000 000股人民币普通股（A股），并于1999年××月××日在深圳证券交易所上市交易。

2001年××月××日和2002年××月××日，公司的原单一大股东KL集团有限公司（原拥有股权比例34.06%）与在中国注册成立的GL企业发展有限公司签署股份转让合同及转让合同的补充合同。根据合同，KL向GL转让公司20.64%的股权。股权已于2002年××月××日由KL过户给GL，至此，GL公司拥有的股权比例为20.64%，KL公司拥有的股权比例为13.42%。

KL公司于2002年××月××日与SD经济咨询公司签订股份转让合同，将其所持有的本公司6.92%的股权转让给SD经济咨询公司；于2002年××月××日与SDX实业有限公司签订股份转让合同，将其所持有的本公司0.71%的股权转让给SDX实业有限公司；于2004年××月××日与GL公司签订股份转让合同，将其所持有的本公司5.79%的股权转让给GL公司。

经过以上股权转让，公司原单一大股东KL公司已不再持有本公司的任何股份，GL公司拥有的股权比例为26.43%，成为公司的主要股东。

公司主要从事冰箱、空调器及家用电器的制造和销售业务。

工商登记号：××××××××

注册地址：吉林省长春市××路××号

法人代表：××

注册资本：992 006 563元

证券代码：××××

二、财务报表的编制基础

1.会计年度

会计年度自公历1月1日起至12月31日止。

2.记账本位币

以人民币为记账本位币。

3.会计计量所运用的计量基础

公司采用权责发生制为计量基础，各项资产和负债的计量遵循《企业会计准则》的计量要求。选用的计量属性有历史成本、重置成本、可变现净值、现值和公允价值。

4.现金和现金等价物的构成

现金等价物是指企业持有的期限短、流动性强、易于转换为已知金额的现金、价值变动很小的投资。现金和现金等价物的构成包括：库存现金、银行存款、其他货币资金和短期债券投资。

三、遵循企业会计准则的声明

公司执行现行《企业会计准则》及其补充规定，编制的财务报表符合企业会计准则体系的要求，真实、公允地反映了企业的财务状况、经营成果和现金流量。

四、重要会计政策和会计估计

1.坏账准备

公司采用备抵法核算坏账损失。对于应收账款坏账损失的估计主要采用账龄分析法，具体比例为：

1年以内：3%

1~3年：10%

3年以上：100%

在采用账龄分析法对应收账款估计坏账损失的同时，还可根据具体情况采用个别认定法。具体而言，如果某项应收款项的可收回性与其他应收款项存在明显的差别，导致该项应收款项如果按照与其他应收款项同样的方法计提坏账准备，将无法真实地反映其可收回金额的，可对该应收款项采用个别认定法计提坏账准备。对其他应收款，采用个别认定法估计坏账损失。

2.存货

存货分为原材料、在产品及产成品等。存货按取得时的实际成本计价。

原材料发出时，按照标准成本进行核算，期末将成本差异予以分摊，将标准成本调整为实际成本。在产品、产成品发出时，按照实际成本进行核算，并按加权平均法确定其实际成本。

期末，存货按照成本与可变现净值孰低计量。存货跌价准备按单个存货项目的成本高于其可变现净值的差额提取。

3.长期股权投资

公司对符合下列条件的长期股权投资采用成本法核算：

（1）公司能够对被投资单位实施控制。此种情况下，采用成本法核算长期股权投资，编制合并财务报表时再按照权益法进行调整。

（2）投资企业对被投资单位不具有共同控制或重大影响，并且在活跃市场中没有报价、公允价值不能可靠计量的长期股权投资。

当公司对被投资单位具有共同控制或重大影响时，采用权益法核算长期股权投资。

对于按照成本法核算的、在活跃市场中没有报价、公允价值不能可靠计量的长期股权投资，其减值按照《企业会计准则第22号——金融工具确认和计量》

处理。其他长期股权投资，其减值按照《企业会计准则第8号——资产减值》处理，即期末，对于存在减值迹象的长期股权投资，应当估计其可收回金额，可收回金额的计量结果表明，资产的可收回金额低于其账面价值的，应当将长期股权投资的账面价值减记至可收回金额，确认为资产减值损失，长期股权投资减值准备一经计提，以后期间不得转回。

4.固定资产

固定资产是指为生产商品、提供劳务、出租或经营管理而持有的，使用寿命超过一年的有形资产。

固定资产以取得时的实际成本入账，并从使其达到可使用状态的次月起，采用直线法提取折旧。各类固定资产的类别划分、估计经济使用年限和折旧率见表A-4。预计净残值为原值的5%。

表 A-4　　　　　　　　　　固定资产相关资料表

类别	估计经济使用年限（年）	年折旧率（%）
房屋及建筑物	20 ~ 50	1.90 ~ 4.75
机器设备	10	9.50
运输设备	5	19
电子设备、器具及家具	5	19

5.无形资产

无形资产以取得时的实际成本计量。

无形资产区分使用寿命有限的无形资产和使用寿命不确定的无形资产。其中，使用寿命有限的无形资产自取得当月起，在预计使用年限内分期平均摊销，计入损益。使用寿命不确定的无形资产不摊销。

期末，应判断无形资产是否存在可能减值的迹象。存在减值迹象的，应当估计其可收回金额，可收回金额的计量结果表明，无形资产的可收回金额低于其账面价值的，应当将无形资产的账面价值减记至可收回金额，确认为资产减值损失。无形资产减值准备一经计提，以后期间不得转回。

6.资产减值

存货的减值，遵循《企业会计准则第1号——存货》。

采用公允价值模式计量的投资性房地产的减值，遵循《企业会计准则第3号——投资性房地产》。

《企业会计准则第22号——金融工具确认和计量》规范的金融资产的减值，遵循《企业会计准则第22号——金融工具确认和计量》。

固定资产、无形资产、在建工程、长期股权投资的减值，遵循《企业会计准则第8号——资产减值》。

7.收入

（1）销售商品收入。

按照新收入准则，企业可以根据以下迹象之一（能证明客户拥有了控制权）而确认收入实现：

一是企业就该商品享有了收款权利；

二是企业已将该商品的法定所有权转移给了客户；

三是企业已将该商品实物转移给了客户；

四是企业已将该商品所有权上的主要风险和报酬转移给了客户；

五是客户已接受了该商品；

六是其他表明客户已接受了商品控制权的迹象。

（2）利息收入

按让渡现金使用权的时间和适用利率计算确定。

8.租赁

融资租赁为实质上转移了与资产所有权有关的全部风险和报酬的租赁。融资租赁以外的其他租赁为经营租赁。

公司作为承租人记录经营租赁业务，经营租赁的租金支出在租赁期内的各个期间按直线法确认为费用。

公司作为出租人记录经营租赁业务，经营租赁的租金收入在租赁期内的各个期间按直线法确认为收入。

9.所得税费用

所得税费用按资产负债表债务法核算。

10.外币折算

（略）

11.合并财务报表编制方法

（1）合并范围的确定原则。

合并财务报表的合并范围以控制为基础予以确定。年度合并财务报表合并了每年12月31日止公司及其所有子公司的年度财务报表。

（2）合并所采用的会计方法。

公司及子公司采用的会计年度和会计政策一致。

子公司在购买日后的经营成果及现金流量已适当地分别包括在合并利润表及合并现金流量表中。

公司与子公司相互之间的所有重大账目及交易已于合并时冲销。

12.税项

本公司增值税税率为13%。

公司适用的所得税税率为25%。

公司之子公司 BX、KY、PJ、SJ、YK、LG 及 HZ 于沿海经济开放区内成立，适用的所得税税率为15%。

公司之子公司 YZ 及 KBE 均是设在西部地区的鼓励类产业企业，适用的所得税税率为15%。

公司之子公司 MJ 系国家重点扶持的高新技术企业，适用的所得税税率为15%。

其他境内子公司适用的所得税税率为25%。

公司之中国香港子公司适用的所得税税率为10%。

五、会计政策和会计估计变更以及差错更正的说明

（无）

六、重要报表项目的说明

1.货币资金（见表 A-5）

合并报表的货币资金中包含的保证金存款一览表见表 A-5。

表 A-5　　　　合并报表的货币资金中包含的保证金存款一览表

项目	合并年末数	合并年初数
人民币元	1 378 127 084	730 447 322
美元（年末 1 813 041）	15 006 537	—

保证金存款是用于开具银行承兑汇票、商业承兑汇票、信用证及银行借款的质押存款。

2.应收票据（见表 A-6）

表 A-6　　　　　　　　　应收票据一览表　　　　　　　单位：人民币元

项目	合并年末数	合并年初数
银行承兑汇票——未质押	354 560 252	108 722 422
商业承兑汇票——未质押	380 317 337	513 905 384
合计	734 877 589	622 627 806

3.应收账款（见表 A-7）

表 A-7　　　　　　　　　应收账款账龄分析表　　　　　　单位：人民币元

年限	合并年末数				合并年初数			
	金额	比例（%）	坏账准备	账面价值	金额	比例（%）	坏账准备	账面价值
1年以内	757 635 557	86	26 515 521	731 120 036	400 338 508	77	18 802 611	381 535 897
1～2年	60 769 251	7	60 769 251	—	52 783 143	10	52 783 143	—
2～3年	45 860 807	5	45 860 807	—	68 920 387	13	68 920 387	—
3年以上	16 432 437	2	16 432 437	—	—	—	—	—
合计	880 698 052	100	149 578 016	731 120 036	522 042 038	100	140 506 141	381 535 897

年限	公司年末数				公司年初数			
	金额	比例(%)	坏账准备	账面价值	金额	比例(%)	坏账准备	账面价值
1年以内	288 498 073	74	27 059 981	261 438 092	289 576 625	72	13 915 156	275 661 469
1~2年	44 861 074	12	44 861 074	—	45 749 772	11	45 749 772	—
2~3年	40 023 455	10	40 023 455	—	68 712 019	17	68 712 019	—
3年以上	16 432 437	4	16 432 437	—				
合计	389 815 039	100	128 376 947	261 438 092	404 038 416	100	128 376 947	275 661 469

合并年末数中欠款金额前五名情况：（略）

合并年末数中前五名欠款总额为 71 300 982 元，占应收账款总额的 8%。合并年末数中无持公司 5% 以上股份的股东欠款。

4.其他应收款（见表 A-8）

表 A-8　　　　　　　其他应收款账龄分析表　　　　　　单位：人民币元

年限	合并年末数				合并年初数			
	金额	比例(%)	坏账准备	账面价值	金额	比例(%)	坏账准备	账面价值
1年以内	56 146 533	41	183 757	55 962 776	279 633 950	23	—	279 633 950
1~2年	70 688 378	52	—	70 688 378	952 455 232	77	175 015 900	777 439 332
2~3年	8 822 898	6	2 606 868	6 216 030	4 541 017		3 772 087	768 930
3年以上	797 700	1		797 700	31 854			31 854
合计	136 455 509	100	2 790 625	133 664 884	1 236 662 053	100	178 787 987	1 057 874 066

年限	公司年末数				公司年初数			
	金额	比例(%)	坏账准备	账面价值	金额	比例(%)	坏账准备	账面价值
1年以内	1 009 046 475	61	—	1 009 046 475	1 422 288 624	62	—	1 422 288 624
1~2年	636 737 092	39		636 737 092	857 401 565	38	172 409 033	684 992 532
2~3年	6 066 409	0		6 066 409				
3年以上	782 000	0		782 000				
合计	1 652 631 976	100	—	1 652 631 976	2 279 690 189	100	172 409 033	2 107 281 156

合并年末数中欠款金额前五名情况：（略）

合并年末数中无持公司5%以上股份的股东欠款。

5.预付账款

合并年末数中预付账款账龄均为1年以内。

合并年末数中无预付持公司5%以上股份的股东的款项。

6.存货及跌价准备（见表A-9）

表A-9　　　　　　　　　　　　　存货及跌价准备表　　　　　　　　　　　单位：人民币元

年限	合并年末数			合并年初数		
	金额	跌价准备	账面价值	金额	跌价准备	账面价值
原材料	727 298 933	38 461 291	688 837 642	419 342 800	50 997 459	368 345 341
在产品	102 903 931	172 000	102 731 931	70 404 891	—	70 404 891
产成品	1 219 334 489	65 286 425	1 154 048 064	770 305 251	85 729 527	684 575 724
合 计	2 049 537 353	103 919 716	1 945 617 637	1 260 052 942	136 726 986	1 123 325 956

7.长期股权投资（见表A-10）

表A-10　　　　　　　　　　　　长期股权投资一览表　　　　　　　　　　　单位：人民币元

项　目	合并年末数	合并年初数
对联营企业投资	134 358 604	136 626 984
其他股权投资	7 249 050	10 419 066
长期股权投资差额	109 814 270	122 328 578
合　计	251 421 924	269 374 628
减：长期股权投资减值准备	79 038 525	71 200 641
长期股权投资净值	172 383 399	198 173 987
对子公司投资	1 235 651 509	986 639 998
对联营企业投资	130 319 332	132 390 025
其他长期股权投资	7 249 050	7 248 851
长期股权投资差额	144 516 300	158 250 936
记录外币报表折算差额	919 576	（1 814 159）
合　计	1 518 655 767	1 282 715 651
减：长期股权投资减值准备	60 301 217	59 381 641
长期股权投资净值	1 458 354 550	1 223 334 010

8.固定资产、累计折旧及减值准备（合并）（见表A-11）

表A-11　　　　固定资产、累计折旧及减值准备（合并）一览表　　　　单位：人民币元

项目	年初账面余额	本年增加额	本年减少额	年末账面余额
一、原价合计	3 635 836 132	93 389 136	34 369 649	3 694 855 619
其中：房屋及建筑物	1 421 575 318	29 815 260	8 220 774	1 443 169 804
机器设备	1 840 524 621	46 169 142	17 092 571	1 869 601 192
电子设备、器具及家具	305 632 935	11 129 600	5 249 597	311 512 938
运输设备	68 103 258	6 275 134	3 806 707	70 571 685
二、累计折旧合计	1 586 467 593	239 169 062	22 921 321	1 802 715 334
其中：房屋及建筑物	321 003 809	73 882 063	1 539 515	393 346 357
机器设备	1 037 279 093	138 255 105	14 942 860	1 160 591 338
电子设备、器具及家具	188 648 100	21 024 637	3 146 250	206 526 487
运输设备	39 536 591	6 007 257	3 292 696	42 251 152
三、固定资产减值准备累计金额合计	61 375 205	96 742	—	61 471 947
其中：房屋及建筑物	51 692 513	96 742	—	51 789 255
机器设备	9 673 692	—	—	9 673 692
电子设备、器具及家具	9 000	—	—	9 000
运输设备	—	—	—	—
四、固定资产账面价值合计	1 987 993 334	116 310 457	273 635 453	1 830 668 338
其中：房屋及建筑物	1 048 878 996	31 354 775	82 199 579	998 034 192
机器设备	793 571 836	61 112 002	155 347 676	699 336 162
电子设备、器具及家具	116 975 835	14 275 850	26 274 234	104 977 451
运输设备	28 566 667	9 567 830	9 813 964	28 320 533

9.在建工程（合并）（见表A-12）

表A-12　　　　　　　　在建工程（合并）一览表　　　　　　　单位：人民币元

工程名称	预算数	年初数	本年增加数	本年完工转入固定资产	年末数	工程投入占预算比例（%）	资金来源
厂区扩建工程	—	192 565 963		21 610 283	170 955 680	—	自筹
生产线安装	31 000 000	2 600 000	27 930 000	0	30 530 000	98.48	自筹
电冰箱多功能实验室	3 480 000	2 783 888	521 979	3 305 867	0	95	自筹
厂房改建工程	131 800 000	0	67 734 986	0	67 734 986	51.39	自筹
空调多功能实验室	1 600 000	1 600 000	0	1 600 000	0	100	自筹
生产线工程	17 015 396	0	9 790 064	0	9 790 064	57.54	自筹
其他	—	4 339 174	14 099 156	8 648 170	9 790 160	—	自筹
合　计	—	203 889 025	120 076 185	35 164 320	288 800 890	—	自筹

10.无形资产（合并）（见表A-13）

表A-13 无形资产（合并）一览表 单位：人民币元

项目	年初账面余额	本年增加额	本年减少额	年末账面余额
一、原价合计	412 266 268	786 292 043	119 663	1 198 438 648
1.商标权	—	521 857 699	—	521 857 699
2.土地使用权	404 997 393	260 865 911	—	665 863 304
3.软件系统	7 268 875	3 568 433	119 633	10 717 645
二、累计摊销额合计	88 520 402	31 115 320		119 635 722
1.商标权	—	13 046 442		13 046 442
2.土地使用权	86 064 479	14 500 445	—	100 564 924
3.软件系统	2 455 923	3 568 433	—	6 024 356
三、无形资产减值准备累计金额合计	5 734 199	—		5 734 199
1.商标权	—			
2.土地使用权	5 214 752	—	—	5 214 752
3.软件系统	519 447	—	—	519 447
四、无形资产账面价值合计	318 011 667	755 176 723	119 663	1 073 068 727
1.商标权	—	508 811 257	—	508 811 257
2.土地使用权	313 718 162	246 365 466	—	560 083 628
3.软件系统	4 293 505	—	119 663	4 173 842

其中：年末已抵押的土地使用权金额为176 153 079元。

商标权和土地使用权本年增加数包括以应收RS集团的款项及支付的办证费用和税费取得的商标权521 857 699元和土地使用权260 865 911元。

11.资产减值准备（合并）（见表A-14）

表A-14 资产减值准备（合并）一览表 单位：人民币元

项目	年初账面余额	本年计提额	本年减少额		年末账面余额
			转回	转销	
一、坏账准备	319 294 128	0	165 005 487	1 920 000	152 368 641
二、存货跌价准备	136 726 986	34 762	3 822 090	29 019 942	103 919 716
三、债权投资减值准备	—				
四、其他债权投资减值准备	—				
五、长期股权投资减值准备	71 200 641	7 837 884	—	—	79 038 525
六、投资性房地产减值准备	—	—			
七、固定资产减值准备	61 375 205	96 742	—	—	61 471 947
八、工程物资减值准备	—				
九、在建工程减值准备	—				
十、无形资产减值准备	5 734 199				5 734 199
十一、商誉减值准备	—				
十二、其他	—				
合计	594 331 159	7 969 388	168 827 577	30 939 942	402 533 028

12.应付职工薪酬

（略）

13.短期借款和长期借款

（略）

14.应付票据（见表A-15）

表A-15　　　　　　　　　　　　应付票据一览表　　　　　　　　　单位：人民币元

项目	合并年末数	合并年初数
银行承兑汇票	1 804 580 651	424 914 036
商业承兑汇票	134 054 354	517 677 693
合计	1 938 635 005	942 591 729

15.应付账款

合并年末数中，无欠持公司5%以上股份的股东款项。

16.预收账款

合并年末数中，无欠持公司5%以上股份的股东款项。

17.应交税费（见表A-16）

表A-16　　　　　　　　　　　　应交税费一览表　　　　　　　　　单位：人民币元

项目	合并年末数	合并年初数
所得税	4 722 147	149 452
增值税	(37 784 327)	39 369 749
其他	240 721	330 653
合计	(32 821 459)	39 849 854

18.其他应付款

合并年末数中，无欠持公司5%以上股份的股东款项。

19.长期应付款（见表A-17）

表A-17　　　　　　　　　　　　长期应付款一览表　　　　　　　　单位：人民币元

欠债项目	合并年末数	合并年初数
应付延期支付款	62 778 960	75 822 128
合计	62 778 960	75 822 128

20.预计负债

预计负债为预提产品质量保证金。公司为已售产品提供为期3～5年的质量保证。在质保期内，公司将向有关客户免费提供保修服务。根据行业经验，保修费用根据所提供的质量保证年限，估计返修率及单位返修费用进行估算并计提。

21.营业收入（见表A-18）

表A-18　　　　　　　　　　营业收入一览表　　　　　　　　单位：人民币元

项目	合并本年累计数	合并上年累计数
主营业务收入	6 168 109 963	4 878 257 017
其他业务收入	48 399 942	16 612 542
合　计	6 216 509 905	4 894 869 559

22.投资收益

（略）

23.资产减值损失（合并）（见表A-19）

表A-19　　　　　　资产减值损失（合并）一览表　　　　　　单位：人民币元

项目	合并本期发生额	合并上期发生额
一、坏账损失	−165 005 487	348 207 798
二、存货跌价损失	34 762	68 490 820
三、债权投资减值损失	—	—
四、其他债权投资减值损失	—	—
五、长期股权投资减值损失	7 837 884	17 808 719
六、投资性房地产减值损失	—	—
七、固定资产减值损失	96 742	18 849 872
八、工程物资减值损失	—	—
九、在建工程减值损失	—	—
十、无形资产减值损失	—	—
十一、商誉减值损失	—	—
十二、其他	—	—
合　计	−157 036 099	453 357 209

24.营业外收入（见表A-20）

表A-20　　　　　　　　　　营业外收入一览表　　　　　　　　单位：人民币元

项目	合并本年累计数	合并上年累计数
非流动资产处置利得	1 796 809	58 547
违约金收入	5 749 171	781 874
保险赔偿	1 144 156	1 323 593
其他	1 712 651	7 777 480
合　计	10 402 787	9 941 494

25.营业外支出（见表 A-21）

表 A-21 营业外支出一览表 单位：人民币元

项目	合并本年累计数	合并上年累计数
非流动资产处置损失	2 629 116	748 140
捐赠支出	2 865 183	3 351 624
合计	5 494 299	4 099 764

26.所得税费用（见表 A-22）

表 A-22 所得税费用一览表 单位：人民币元

项目	合并本年累计数	合并上年累计数
公司应计所得税	—	—
子公司应计所得税	11 676 111	3 031 454
合计	11 676 111	3 031 454

由于公司本年度应纳税所得额亏损，故无须计缴所得税。

27.每股收益

基本每股收益为 0.20 元。具体计算公式为：

每股收益=（净利润-优先股股利）÷流通在外的普通股加权平均股数

=197 890 645÷992 006 563

=0.20（元/股）

七、或有事项（公司）（见表 A-23）

表 A-23 或有事项（公司）一览表 单位：人民币元

项目	年末数	年初数
为联营公司提供的贷款担保	—	3 975 000
已贴现尚未到期的商业承兑汇票	—	35 270 000
合计	—	39 245 000

八、资产负债表日后事项

2019 年 1 月 24 日，公司的子公司 FZ 经董事会批准，于 2019 年 1 月 28 日与 Modern Treasure Limited（MTL）签订了股权转让协议，将所持 25% 的丙公司的股权转让给 MTL，转让对价为港币 3 500 000 元以及市价相当于港币 20 000 000 元的广告播放劳务。根据协议规定，股权转让也将在对价支付完毕后完成。FZ 与 MTL 于 2020 年 3 月 3 日签订补充协议，约定转让对价改为港币 3 500 000 元，该转让对价于 2020 年 3 月 3 日支付完毕。至此，丙公司的股权转让已完成。截至 2019 年 12 月 31 日，该股权账面价值为人民币 11 819 203 元，公司已在以前年度对该联营公司投资余额全额计提减值准备。

九、关联方关系及其交易（见表 A-24）

表 A-24 关联方关系及其交易一览表

关联方名称	注册地点	主营业务	与公司关系	经济性质	法定代表人
GL公司	广东	研究、生产、销售制冷设备及配件、无氟制冷剂	GL公司自 2004 年××月××日起为公司主要股东	有限责任公司	张积星
RS公司	广东	投资控股	RS公司自 2016 年××月起与公司存在联营关系	有限责任公司	李培旋
FZ公司	中国香港	投资控股	FZ公司自 2010 年××月××日受让公司股权，并对公司××子公司有间接控制权	有限责任公司	王景刚

吉达公司（母公司）财务报表分析

一、资产负债表分析

根据吉达公司（母公司）2019 年 12 月 31 日的资产负债表，编制资产负债表的趋势分析、结构分析表见表 A-25。

表 A-25 资产负债表趋势分析、结构分析表

资产	增（减）（%）	结构（%）年初	结构（%）年末	负债和股东权益	增（减）（%）	结构（%）年初	结构（%）年末
流动资产：				流动负债：			
货币资金	49.83	14.71	19.03	短期借款	-22.50	5.52	3.70
交易性金融资产	0	0	0	交易性金融负债	0	0	0
应收票据	-10.65	8.47	6.54	应付票据	80.53	14.85	23.14
应收账款	-5.16	3.81	3.12	应付账款	-43.92	9.01	4.36
预付款项	-43.64	0.50	0.25	预收款项	37.94	4.15	4.94
其他应收款	-21.58	29.10	19.71	应付职工薪酬	-69.06	0.44	0.12
存货	41.65	9.38	11.47	应交税费	-177.68	0.86	-0.58
其他流动资产	170.03	0.07	0.17	其他应付款	25.19	7.17	7.75
流动资产合计	5.69	66.05	60.27	一年内到期的非流动负债	566.67	0.83	4.77
非流动资产：				其他流动负债	1.94	2.59	2.28
债权投资	—	0	0	流动负债合计	28.71	45.42	50.48
其他债权投资	—	0	0	非流动负债：			
长期应收款	-100	0.71	0	长期借款	-23.91	9.53	6.26
长期股权投资	19.21	16.89	17.39	应付债券	0	0	0

资产	增（减）（%）	结构（%）		负债和股东权益	增（减）（%）	结构（%）	
		年初	年末			年初	年末
投资性房地产	0	0	0	长期应付款	−30.27	7.79	4.69
固定资产	−7.48	12.58	10.05	预计负债	−14.73	1.45	1.07
在建工程	2.95	1.02	0.91	非流动负债合计	−25.84	18.77	12.02
无形资产	381.27	2.74	11.37	负债合计	12.76	64.19	62.50
开发支出	0	0	0	股东权益：			
商誉	0	0	0	股本	0	13.70	11.83
长期待摊费用	0	0	0	资本公积	−24.96	33.88	21.95
递延所得税资产	0	0	0	盈余公积	−66.67	4.75	1.37
其他非流动资产	0	0	0	未分配利润	−116.55	−16.52	2.36
非流动资产合计	35.52	33.95	39.73	股东权益合计	21.30	35.81	37.50
资产总计	15.82	100	100	负债和股东权益总计	15.82	100	100

1.资产负债表总体状况的初步分析

从总体来看，企业的资产总额从年初的724 092万元增加到年末的838 625万元，增长了15.82%。一般认为，企业资产总额的增加，将会增强企业的竞争实力。从结构来看，企业年末的资产总额中，流动资产占60.27%，长期股权投资占17.39%，固定资产占10.05%，无形资产占11.37%。这样的资产结构，基本上可以满足企业内部产品生产、对外股权投资等战略发展的要求。

从结构的变化来看，货币资金有所增加；存货、长期股权投资、无形资产、其他流动资产、在建工程所占比重也有所增加；应收账款、应收票据、预付款项、其他应收款、固定资产有所下降，应该成为分析过程中关注的重点。

从负债与股东权益的结构来看，企业的流动负债在总资产有较大增加的条件下也有所增加，年末比年初增加了28.71%，所占比重也由年初的45.42%上升为年末的50.48%；非流动负债有所下降，年末比年初下降了25.84%，所占比重也由年初的18.77%下降为年末的12.02%；其中，短期借款和长期借款分别下降22.5%和23.91%。股东权益有所增加是当年实现净利润所致。

2.资产负债表各主要项目的分析

（1）对货币资金及其质量的分析

从总体规模来看，企业货币资金规模由年初占总资产的14.71%，上升为年末的19.03%，比年初货币资金规模有一定的增长。从融资方面来说，企业从债权人那里借入款项有所下降，表明企业的现金比较充裕。企业从各种渠道取得的货币资金以及原有资金的主要运用领域是对外股权投资、无形资产的取得等。因此，对企业资金运用质量的分析，应当结合对有关项目的质量分析。

（2）对短期债权质量的分析

① 关于应收票据。从报表中应收票据年末与年初数字的比较来看，企业年末的应收票据比年初应收票据减少了 10.65%。从提高债权回收的安全性来看，企业更多地采用商业汇票结算方式，有利于商业债权质量。同时，还应看到，合并应收票据的金额均比公司应收票据金额大，且年末比年初还有所增加。这在一定程度上说明，公司在应收票据业务方面与集团内的关联方交易程度不大。

② 关于应收账款及其坏账准备。公司应收账款年末比年初降低了 5.16%，其所占的比重也有所下降，表明公司使用了较为紧缩的信用政策；而年报却显示公司主营业务收入规模上升了，说明企业的销售状况较为乐观。另外，从应收账款附注披露中可以看出，合并应收账款年末数为 73 112 万元，而公司应收账款年末数为 26 144 万元，两者相差约 46 968 万元，说明应收账款主要是集团对外进行商品交易形成的，受关联方交易的影响较小。

③ 关于其他应收款。就其他应收款的规模而言，公司的其他应收款年末数比年初数降低了 21.58%。合并其他应收款年末数为 13 366 万元，而公司其他应收款年末数为 165 263 万元，说明公司的其他应收款中，有较多款项是子公司所欠的。也就是说，关联方的非经营活动往来占公司其他应收款总额的约 90%，说明公司存在数额较大的关联方交易，资金被关联方占用过多，应引起注意。

（3）对存货质量的分析

公司的存货总额年末比年初有所上升，所占比重也有所上升。由于公司没有披露此项目的详细资料，故上升的原因无法判断。但从合并财务报表披露的资料中可以看出，在产品和产成品都有不同程度的增加，且产成品本年还计提了跌价准备，说明企业产成品存货的质量大打折扣，企业在销售上遇到了困难而引发存货积压。

还应注意的是，合并财务报表披露的资料中原材料增加了 73%，而原材料跌价准备却减少了 25%，最终存货跌价准备比上年减少近 24%。由此对企业年度内的影响是：企业没有因为在产品跌价准备的计提而降低营业利润，反而通过冲减多提的原材料跌价准备增加了营业利润。

（4）对长期股权投资质量的分析

从公司长期股权投资的规模来看，公司的长期股权投资年末比年初增加了 19.21%，表明公司对外投资的力度加大。从合并财务报表附注中披露的长期股权投资的详细资料来看，集团合并数中显示集团及公司长期股权投资存在减值问题，且公司的长期股权投资减值准备占到了集团合并数的大部分。集团当年又计提了 783.8 万元的减值准备，不过公司当年并未计提新的减值准备。究竟是公司长期股权投资的质量有所回升，还是未合理预计减值损失？尤其是考虑到公司利润表中披露的当年投资收益为负数，公司长期股权投资减值问题就更值得进一步调查、研究。

（5）对固定资产质量的分析

从公司固定资产原值的情况来看，年末比年初略有增加。新增固定资产可以极大地改善公司未来从事经营活动的技术装备水平，从而使企业长期发展的后劲得以显著提高。另外，值得注意的是，公司固定资产占资产总额的比重为10%，其是否合理应结合行业平均水平进行分析。应注意的是，如果本年增加的固定资产在以后各年得不到充分利用，新增固定资产的折旧就有可能成为未来企业业绩下降的新因素。从公司固定资产折旧情况来看，由于没有有关折旧年限的披露，所以公司固定资产折旧方法是否合理，也就无法考究。

从财务报表附注中可以看到，集团对固定资产计提了资产减值准备，且本期又有所增加，表明集团部分固定资产质量堪忧。

（6）对在建工程质量的分析

从在建工程的规模来看，年末比年初上升了2.95%，在建工程完工为新增固定资产提供了重要保证。

（7）对无形资产质量的分析

公司的行业特点决定了报表中披露的无形资产不只是土地使用权，还有商标权、软件系统等，且本年增幅为381.27%，但其所占的比重也有了较大增长，表明公司的可持续发展能力和竞争能力有所提高。但也应注意到，公司近两年研发支出均为零，说明企业自身开发无形资产的能力还要加强。

（8）对企业融资情况的分析

从短期借款和长期借款的规模来看，公司的短期借款和长期借款年末数均比年初数有所降低，可能企业未充分利用财务杠杆效应。对企业贷款规模是否合理进行分析，不仅要与企业年末拥有较大的货币资金存量相对比，还应综合考虑企业所面临的近期支付要求、企业经营活动现金的回款情况等。

（9）对短期债务情况的分析

该公司应付票据年末比年初增加80.53%，应付账款年末比年初减少43.92%，说明企业的经营状况较为良好，现金流情况得到了较大的改善，便于改善上下游企业之间的合作关系。

（10）对企业应交税费的分析

在应交税费方面，公司年初的应交税费为6 255万元，年末为-4 859万元。这说明公司存在提前预交税金的情况，这可能表明公司的纳税环境较为紧张，但也可能是公司为树立良好的纳税形象所付出的代价。

3.资产负债表的总体评价

综上所述，企业的资产总体质量较好，能够维持企业的正常周转。但是，企业的资产中，存货总额有大幅度的增长，可能导致企业资金周转不利；其他应收

款中关联企业占用资金较多，对此应引起财务报表使用者的关注。对企业的负债
而言，没有明确支付期的负债呈增加的趋势，而较高代价的长、短期借款却呈下
降趋势，说明公司面临的短期偿债压力不大，但同时也表明企业没有充分发挥财
务杠杆的作用。

二、利润表分析

根据吉达公司（母公司）2019年度的利润表，编制利润表的趋势分析、结
构分析表见表A-26。

表A-26　　　　　　　　　　　利润表的趋势分析、结构分析表

项目	增（减）（%）	结构（%）	
		上年	本年
一、营业收入	31.45	100	100
减：营业成本	34.64	78.96	80.87
税金及附加	42.77	0.01	0.01
销售费用	11.78	12.46	10.60
管理费用	−0.58	1.53	1.15
财务费用	−30.36	1.33	0.70
加：投资收益	−222.76	2.66	−2.48
公允价值变动收益	—	0	0
资产减值损失	−112.32	−6.15	0.58
二、营业利润	113.32	2.23	3.61
加：营业外收入	354.13	0.04	0.13
减：营业外支出	170.13	0.02	0.04
三、利润总额	116.97	2.24	3.70
减：所得税费用	—	—	—
四、净利润	116.97	2.24	3.70

1.利润表总体状况的初步分析

从表A-26中可以看出，公司2019年营业收入比上年增长了31.45%，营业利
润比上年增长了113.32%，净利润比上年增长了116.97%。公司2019年每股收益
0.20元，比上年增长一倍。公司利润增长较快，是行业因素，还是公司内部原
因？对此，有必要对利润的构成做进一步的分析。

2.利润表主要项目的分析

（1）对营业利润的分析

就营业收入而言，公司2019年的营业收入比上年增长了31.45%，说明公司
的销售情况良好。但公司的营业成本占营业收入的比重比上年有所增加，且增幅
大于营业收入的增幅，说明毛利率在下降。当年资产减值损失增加较快，且对外
投资出现了亏损，对营业利润产生了不利影响。在收入增长的前提下，税金及附
加和销售费用的增加实属正常，销售费用的增加可能说明公司加大了市场开拓的

力度，但也可能是费用的控制不当。管理费用总额及其占营业收入的比重有所下降，说明公司在扩大销售的同时管理成本进一步降低。

（2）对净利润的分析

由于公司2019年的营业外收入比上年增长354.13%，且增幅大大超过营业外支出，故对利润总额的增长起到了积极的推动作用。不过应注意此项目不具备长久性和稳定性，不应成为利润的主要来源。

3. 利润表的总体评价

从公司利润表揭示出来的信息可以看出，公司业绩上升的原因，主要是销售收入的规模增长较大，另外期间费用的下降也是公司利润增长的又一源泉。不过资产减值损失和投资收益的大幅下降对利润的增长起到了抑制作用，应引起各方的关注。

三、现金流量表分析

根据吉达公司（母公司）2019年度的现金流量表，编制现金流量表的趋势分析表见表A-27。

表A-27　　　　　　　　　　　　现金流量表的趋势分析表

项目	公司上年累计数（元）	公司本年累计数（元）	增（减）（%）
一、经营活动产生的现金流量：			
销售商品、提供劳务收到的现金	4 340 024 516	6 208 775 706	43.06
收到的税费返还	—	18 190	—
收到其他与经营活动有关的现金	13 772 281	8 641 980	-37.25
经营活动现金流入小计	4 353 796 797	6 217 435 876	42.80
购买商品、接受劳务支付的现金	3 291 622 581	4 627 547 141	40.59
支付给职工以及为职工支付的现金	154 073 311	178 782 591	16.04
支付的各项税费	71 367 624	148 224 752	107.69
支付其他与经营活动有关的现金	213 147 377	611 505 524	186.89
经营活动现金流出小计	3 730 210 893	5 566 060 008	49.22
经营活动产生的现金流量净额	623 585 904	651 375 868	4.46
二、投资活动产生的现金流量：			
收回投资收到的现金	—	—	—
取得投资收益收到的现金	104 326 781	10 378 651	-90.05
处置固定资产、无形资产和其他长期资产收回的现金净额	282 277	11 720 563	4 052.15
收到其他与投资活动有关的现金	100 210 258	8 416 587	-91.60

续表

项目	公司上年累计数（元）	公司本年累计数（元）	增（减）（%）
投资活动现金流入小计	204 819 316	30 515 801	−85.10
购建固定资产、无形资产和其他长期资产支付的现金	43 113 074	87 899 447	103.88
投资支付的现金	147 763 896	88 666 950	−39.99
支付其他与投资活动有关的现金	598 051 003	555 675 410	−7.09
投资活动现金流出小计	788 927 973	732 241 807	−7.19
投资活动产生的现金流量净额	（584 108 657）	（701 726 006）	−20.14
三、筹资活动产生的现金流量：			
吸收投资收到的现金	—	—	—
取得借款收到的现金	1 180 000 000	1 075 000 000	−8.90
筹资活动现金流入小计	1 180 000 000	1 075 000 000	−8.90
偿还债务支付的现金	1 190 000 000	990 000 000	−16.81
分配股利、利润或偿付利息支付的现金	64 608 064	58 565 627	−9.35
支付其他与筹资活动有关的现金	—	1 000 000	—
筹资活动现金流出小计	1 254 608 064	1 049 565 627	−16.34
筹资活动产生的现金流量净额	（74 608 064）	25 434 373	134.09
四、汇率变动对现金及现金等价物的影响	—	—	—
五、现金及现金等价物净增加额	（35 130 817）	（24 915 765）	−29.08
加：期初现金及现金等价物余额	381 358 836	356 228 019	−6.59
六、期末现金及现金等价物余额	346 228 019	331 312 254	−4.31

1.现金流量表总体状况的初步分析

从总体上看，公司当年的现金及现金等价物净增加额为−2 492万元，同比降低了29.08%。其中，经营活动现金流量净额为65 138万元，较上年上升了4.46%；投资活动现金流量净额为−70 173万元，较上年下降20.14%；筹资活动现金流量净额为2 543万元，较上年增加134.09%。

2.现金流量表主要项目的分析

（1）经营活动现金流量分析

从表A-27中的内容来看，"销售商品、提供劳务收到的现金"增长了43.06%，与"购买商品、接受劳务支付的现金"增长的40.59%刚好可以抵消，对经营活动现金流量净额的影响似乎不大，实际上也预示着公司经营活动规模的扩大。"销售商品、提供劳务收到的现金"的增加表明，或者销售规模上升，或者应收账款减少，或者预收账款增加；"购买商品、接受劳务支付的现金"比上年支出增加，会使存货规模扩大，或者预付账款规模扩大，或者应付账款规模缩小。

结合利润表、资产负债表分析，"销售商品、提供劳务收到的现金"比上年增加 186 875 万元，增幅为 43.06%，而营业收入比上年增加 127 865 万元，增幅为 31.45%，应收票据和应收账款分别减少 10.65% 和 5.16%，显然，"销售商品、提供劳务收到的现金"明显好于去年，这是企业销售规模扩大和加快资金回笼双管齐下的结果。在营业收入增长的情况下，"购买商品、接受劳务支付的现金"比上年增长 133 592 万元，增幅为 40.59%，而营业成本增长 34.64%，存货增加 28 283 万元，增幅为 41.65%，应付账款减少 28 663 万元，减幅为 43.92%，显然，在销售规模扩大的情况下，增加物资采购会引起"购买商品、接受劳务支付的现金"的增加。在收入增长的情况下，"支付的各项税费"有所增长应属正常。"支付其他与经营活动有关的现金"比上年增加 39 836 万元，增幅为 186.89%，主要是由于"销售费用""税金及附加"等增加，导致了现金流出量的增加。

总体上看，经营活动现金流量净额为正数，且比上年增长 4.46%，能够满足公司经营活动的现金需要。

（2）投资活动现金流量分析

从现金流量表中可以看出，公司投资活动的现金流出主要是支付其他与投资活动有关的现金，但支付的金额略小于上年。而投资活动的现金流入量与上年相比降幅较大，主要是"取得投资收益收到的现金"和"收到其他与投资活动有关的现金"降幅较大，分别降低 90.05% 和 91.6%。也就是说，由于公司的对外投资质量下降（当年发生投资损失，且计提了长期股权投资减值准备），使投资活动的现金流量净额为负数，投资不仅不能带来投资回报，更难以为经营活动的现金流量提供补充。应注意的是，公司对固定资产、无形资产的投资加快，从中体现了公司长期发展战略的要求，对外投资的风险特别需要报表使用者予以关注。

（3）筹资活动现金流量分析

从现金流量表中可以看出，公司筹资活动现金流入的唯一来源是借款，所收到的现金为 107 500 万元，比上年下降 8.90%；偿还债务所支付的现金为 99 000 万元，比上年下降 16.81%，这同样表明公司的现金比较充裕。从公司发展的实际情况来看，靠借款流入的现金补偿了经营活动现金流入的不足，满足了经营活动的现金需求，也说明公司靠吸收借款筹资的能力较强，面临的融资环境也是比较宽松的。

3.现金流量表的总体评价

综上所述，公司现金及现金等价物净增加额为负数，主要是当期投资活动现金流出量过大所致，其体现了公司发展战略的要求；当年经营活动现金净流量为正数，且比上年有所增长，表明能够满足公司经营活动的现金需求。

四、财务比率分析

为了进行分析，有必要计算吉达公司近两年的有关财务比率，见表A-28。但由于条件所限，没有取得同类企业的可比性比率资料，因而不能进行企业间的比较。

1.短期偿债能力分析

从相关指标中看出，流动比率、速动比率较上年均略有下降，说明该公司当年的短期偿债能力在下降；但现金比率有所上升，且处在较高水平，表明企业现金比较充裕，可能存在资金闲置问题。

反映短期偿债能力的指标，除了流动比率、速动比率和现金比率等指标外，还应当考虑应收账款周转率和存货周转率的快慢。该公司应收账款周转率和存货周转率较快，有助于提高短期偿债能力，不过公司短期偿债的压力也不小。

2.长期偿债能力分析

从相关指标中看出，公司的资产负债率较年初有所下降，为62.50%。从指标本身来看，企业的资产负债率处于中等偏上水平，表明企业通过长期负债融资的空间已经不大。此外，必须强调的是，对企业长期融资能力的评价，还应充分考虑公司的盈利能力。从已获利息倍数指标来看，公司的盈利在支付利息后还有较大剩余。产权比率有所降低也表明负债的安全性比较大，债权人承担的风险有所降低。不过，非流动负债与营运资金比率有所上升，表明债权人仍要注意风险。

表A-28　　　　　　　　吉达公司财务比率分析表

项目	比率	本年	上年
短期偿债能力	流动比率	1.19	1.45
	速动比率	0.97	1.25
	现金比率	0.38	0.32
长期偿债能力	资产负债率（%）	62.50	64.19
	产权比率（%）	166.64	179.28
	有形净值债务率（%）	139.19	194.12
	已获利息倍数（倍）	6.26	2.69
	非流动负债与营运资金比率	1.23	0.91

续表

项目	比率	本年	上年
营运能力	总资产周转率（次）	0.68	0.56
	流动资产周转率（次）	1.09	0.85
	固定资产周转率（次）	6.09	4.46
	应收账款周转率（次）	6.29	4.57
	存货周转率（次）	5.27	4.73
获利能力	销售毛利率（%）	19.13	21.04
	营业利润率（%）	3.61	2.23
	总资产报酬率（%）	2.53	1.37
	长期资本收益率（%）	4.88	4.62
	净资产收益率（%）	6.90	3.52
	每股收益（元/股）	0.20	0.10
获现能力	现金流动负债比（%）	17.32	18.96
	现金债务总额比（%）	13.17	13.42
	每一元销售现金净流量	1.16	1.07
	净利润现金保证比率	3.29	6.84
	资产现金回收率（%）	8.34	8.61

3.营运能力分析

从相关指标中看出，公司的资产周转率指标本年均有不同程度的提高，说明公司资产的总体运转情况比较理想，这表明公司在营运管理上取得了较好的成绩。当然，这与公司当年收入规模的大幅增长以及应收款项的下降是分不开的。可以初步认为，企业资产的整体周转质量较高。

4.获利能力分析

从相关指标中看出，反映公司获利能力的各项指标除了销售毛利率有所下降外，其他指标均高于上年，说明该公司的获利能力在提高。由于存货周转率、流动资产周转率、固定资产周转率和总资产周转率等指标与企业的营业利润之间有着内在的联系，该公司的上述周转率很快，进而也提升了公司的盈利能力。结合利润表分析，销售毛利率的下降主要源于营业成本的上升，对此应进一步分析，是市场因素（如原材料价格上涨），还是公司内部对成本控制不力。

5.获现能力分析

从相关指标中看出，现金流动负债比和现金债务总额比本年比上年均有所下降，表明公司现金流入对债务清偿的保证有所下降，偿还短期债务的能力有所降低，这与对短期偿债能力的分析相吻合。净利润现金保证比率和资产现金回收率指标有所降低，也表明公司获取现金的能力略有下降。尽管每一元销售现金净流量略有上升，但提高幅度并不明显，且难以掩盖其他获现能力指标的下滑态势。因此，如何在收入增长的同时提高获现能力，是企业在今后运营管理中应重点解决的问题。

五、合并财务报表分析

从合并财务报表所披露的内容来看，该公司与其子公司之间存在着内部资金拆借问题。由于公司资产负债表的"其他应收款"金额与合并资产负债表的"其他应收款"金额呈现了"越合并越小"的态势，可以据此认为公司的大量资金被其子公司占用。但如果公司资产负债表的"其他应收款"金额与合并资产负债表的"其他应收款"金额呈现了"越合并越大"的态势，可以据此认为该公司即使占用其子公司资金，数额也是比较少的。

六、综合评价

综合上述分析，吉达公司财务状况、经营成果的形势比较乐观。公司的盈利能力在不断提高，资产总额在不断扩大，表明公司的市场占有率和规模呈现出扩大趋势。资产管理方面也卓有成效，资产周转速度有所加快，营运能力不断增强，但也存在一些问题，如产成品存货存在积压，短期偿债能力有所下降，另外，对外投资的质量也应引起报表使用者的注意。在流动比率偏低的情况下，如何通过进一步提高资产的运转效率、降低成本费用？在对外投资比较单一、以长期股权投资为主的情况下，如何切实保证投资的质量？这些问题是公司资产管理的当务之急。更进一步讲，如何合理调整资产结构、是否可以考虑投资渠道多元化等也是值得公司管理层深思的问题。

备考演练参考答案

项目一

（一）单项选择题

1.C　2.A　3.B　4.D　5.A　6.B　7.C　8.D　9.B　10.B

（二）多项选择题

1.ABCDE　2.ABCDE　3.ABCDE　4.ABCE　5.ABDE　6.ABCD
7.CDE　8.ABCDE　9.ABCDE　10.ABCD

（三）判断题

1.×　2.√　3.×　4.√　5.×　6.×　7.×　8.√　9.×　10.√

（四）计算题

1.（1）确定分析对象

产品销售收入实际数−产品销售收入计划数=1 056−1 000=56（万元）

（2）进行因素分析

∵产品销售收入=销售数量×销售单价

∴影响产品销售收入计划完成情况的因素有两个。

销售数量变动的影响数=（220−200）×5=100（万元）

销售单价变动的影响数=220×（4.8−5）=−44（万元）

综合影响数=100−44=56（万元）

2.有关指标计算结果见表B−1。

表B−1　　　　　　　有关指标计算结果汇总表

年度 指标	2019年	2020年	2021年	2022年
产品销售额（万元）	600	620	635	642
定基发展速度（%）		103	106	107
定基增长速度（%）		3	6	7
环比发展速度（%）		103	102	101
环比增长速度（%）		3	2	1

分析评价：产品销售额逐年上升，定基发展速度和增长速度也表现出不断上涨的态势，但从环比发展速度和增长速度上可见，其上涨的步伐正在逐渐放慢。

（五）案例分析题

1.差异额 $\begin{cases} 管理费用 = 108 - 100 = 8(万元)\uparrow \\ 净利润 = 2\ 160 - 2\ 000 = 160(万元)\uparrow \end{cases}$

差异率 $\begin{cases} 管理费用 = 8 \div 100 \times 100\% = 8\% \\ 净利润 = 160 \div 2\ 000 \times 100\% = 8\% \end{cases}$

分析评价：管理费用多属于固定性费用，与业务量不呈同比例变动，在企业的经营战略及规模不发生重大变化时一般相对稳定，因此，应结合企业的相关资料来作深入分析，从现有资料看，这种差异并不合理（即便上涨也应低于净利润的增长速度）。

2.首先，运用连环替代法：

（1）确定分析对象

材料消耗总额实际数-材料消耗总额计划数=135 000-112 000=23 000（元）

（2）进行因素分析

∵ 材料消耗总额=产品产量×单位产品材料消耗×材料单价

∴ 影响材料消耗总额计划完成情况的因素有3个。

计划指标：280×50×8=112 000（元）　　　　①

第一次替代：300×50×8=120 000（元）　　　②

②-①：120 000-112 000=8 000（元）→（产品产量变动的影响）

第二次替代：300×45×8=108 000（元）　　　③

③-②：108 000-120 000=-12 000（元）→（单位产品材料消耗变动的影响）

第三次替代：300×45×10=135 000（元）　　　④

④-③：135 000-108 000=27 000（元）→（材料单价变动的影响）

（3）分析评价

材料消耗总额超出计划23 000元，影响因素有3个，均不同程度发生变化，有有利影响，也有不利影响。

产品产量↑→材料消耗总额↑（正常）

单位产品材料消耗↓→材料消耗总额↓（成绩）

材料单价↑→材料消耗总额↑→受市场价格波动影响（做具体分析）（双重影响）

汇总结果见表B-2：

表B-2　　　　各影响因素变动对材料消耗总额的影响汇总表

影响因素	影响程度（元）
产品产量提高	+8 000
单位产品材料消耗降低	-12 000
材料单价提高	+27 000
综合影响	+23 000

其次，运用差额计算法，确认分析对象和分析评价与连环替代法相同，但是第二步进行因素分析时作简化，即：

产品产量变动：（300-280）×50×8=8 000（元）

单位产品材料消耗变动：300×（45-50）×8=-12 000（元）

材料单价变动：300×45×（10-8）=27 000（元）

项目二

（一）单项选择题

1.A　　2.B　　3.C　　4.D　　5.C　　6.D　　7.A　　8.B　　9.A　　10.B

（二）多项选择题

1.ABCDE　　2.ABC　　3.ABCDE　　4.CDE　　5.ABCE　　6.ABCDE

7.BCD　　8.AB　　9.ABCDE　　10.ABCDE

（三）判断题

1.√　　2.×　　3.√　　4.×　　5.√　　6.×　　7.√　　8.×　　9.√　　10.√

（四）计算题

1.∵资产负债率=50%

∴负债=864 000×50%=432 000（元）

∵存货周转率=$\dfrac{营业成本}{存货平均余额}$=$\dfrac{630 000}{存货平均余额}$=4.5（次）

∴（1）存货平均余额=630 000÷4.5=140 000（元）

（2）应收账款=864 000-588 000-50 000-140 000=86 000（元）

∵流动比率=$\dfrac{流动资产}{流动负债}$=$\dfrac{50 000+86 000+140 000}{流动负债}$=$\dfrac{276 000}{流动负债}$=1.5

∴流动负债=276 000÷1.5=184 000（元）

（3）应付账款=184 000-50 000=134 000（元）

（4）非流动负债=负债总额-流动负债=432 000-184 000=248 000（元）

（5）负债和所有者权益=资产=864 000元

（6）未分配利润=864 000-432 000-600 000=-168 000（元）

将计算结果填入资产负债表空项，见表B-3：

表B-3　　　　　　　　　　　　**资产负债表（简表）**

编制单位：康达公司　　　　　　　202×年12月31日　　　　　　　　单位：元

资产	期末余额	负债和所有者权益	期末余额
货币资金	50 000	应付账款	134 000
应收账款	86 000	其他应付款（应付股利）	50 000

续表

资产	期末余额	负债和所有者权益	期末余额
存货	140 000	非流动负债	248 000
固定资产	588 000	实收资本	600 000
		未分配利润	−168 000
资产总计	864 000	负债和所有者权益总计	864 000

2.（1）计算反映企业短期偿债能力的指标

①营运资金=流动资产−流动负债

年初数：117 600−56 600=61 000（元）

年末数：140 150−59 000=81 150（元）

②流动比率=流动资产÷流动负债

年初数：117 600÷56 600=2.08

年末数：140 150÷59 000=2.38

③速动比率=速动资产÷流动负债

年初数：（117 600−88 000）÷56 600=0.52

年末数：（140 150−96 000）÷59 000=0.75

（2）计算反映企业长期偿债能力的指标

资产负债率=负债总额÷资产总额×100%

年初数：（56 600+40 000）÷627 680×100%=15.39%

年末数：（59 000+280 000）÷876 700×100%=38.67%

（3）计算反映企业营运能力的指标

①应收账款周转率=$\dfrac{\text{赊销收入净额}}{\text{应收账款平均余额}}$

2021年：$\dfrac{60\,000}{(16\,000+24\,000)\div 2}=3$（次）

2022年：$\dfrac{108\,500}{(24\,000+38\,000)\div 2}=3.5$（次）

②存货周转率=$\dfrac{\text{营业成本}}{\text{存货平均余额}}$

2021年：$\dfrac{96\,000}{(72\,000+88\,000)\div 2}=1.2$（次）

2022年：$\dfrac{138\,000}{(88\,000+96\,000)\div 2}=1.5$（次）

（五）案例分析题

1.从计算结果可知：美晨公司2022年的财务状况总体形势较上年有了明显

的改善。具体表现在营运资金的数量增加，短期偿债能力增强，应收账款和存货这两项重要的流动资产周转速度加快，营运能力提高，必将减少相对的资金占用，提高资产的盈利能力。同时也必须看到：速动比率虽有提高但尚未达到标准值，支付能力较弱，企业对短期到期债务的即刻清偿能力还有待提升；资产负债率明显提高，虽未达到警戒线，但也会相应增加企业的财务风险。

2.（1）编制横向比较会计报表见表 B-4，编制纵向比较会计报表见表 B-5。

表 B-4　　　　　　　　　　　资产负债表（横向比较分析表）

编制单位：××公司　　　　　　　2022 年 12 月 31 日　　　　　　　单位：元

资产	期末余额	上年年末余额	增（减）		负债和所有者权益	期末余额	上年年末余额	增（减）	
			金额	百分比(%)				金额	百分比(%)
流动资产：					流动负债：				
货币资金	1 510 000	1 450 000	60 000	4.1	短期借款	805 000	1 810 000	-1 005 000	-55.5
交易性金融资产	250 000	330 000	-80 000	-24.2	应付票据	230 000	160 000	70 000	43.8
应收票据	80 000	90 000	-10 000	-11.1	应付账款	1 280 000	950 000	330 000	34.7
应收账款	995 000	796 000	199 000	25	预收款项	140 000	124 000	16 000	12.9
预付款项	188 000	168 000	20 000	11.9	应付职工薪酬	180 000	210 000	-30 000	-14.3
其他应收款	46 000	30 000	16 000	53.3	应交税费	200 000	180 000	20 000	11.1
存货	2 900 000	2 400 000	500 000	20.8	其他应付款	198 000	153 000	45 000	29.4
一年内到期的非流动资产	75 600	70 000	5 600	8	一年内到期的非流动负债				
其他流动资产					其他流动负债				
流动资产合计	6 044 600	5 334 000	710 600	13.3	流动负债合计	3 033 000	3 587 000	-554 000	-15.4
非流动资产：					非流动负债：				
长期股权投资	1 000 000	2 000 000	-1 000 000	-50	长期借款	1 880 000	1 500 000	380 000	25.3
固定资产	10 450 000	9 500 000	950 000	10	应付债券	1 300 000	1 200 000	100 000	8.3
在建工程	450 000	300 000	150 000	50	长期应付款				
无形资产	80 000	100 000	-20 000	-20	非流动负债合计	3 180 000	2 700 000	480 000	17.8
长期待摊费用									
其他非流动资产					负债合计	6 213 000	6 287 000	-74 000	-1.2
非流动资产合计	11 980 000	11 900 000	80 000	0.67	所有者权益：				
					实收资本	9 400 000	8 600 000	800 000	9.3
					资本公积	800 000	800 000	0	0
					盈余公积	1 600 000	1 500 000	100 000	6.7
					未分配利润	11 600	47 000	-35 400	-75.3
					所有者权益合计	11 811 600	10 947 000	864 600	7.9
资产总计	18 024 600	17 234 000	790 600	4.6	负债和所有者权益总计	180 246 00	17 234 000	790 600	4.6

表 B-5　　　　　　　　　　资产负债表（纵向比较分析表）

编制单位：××公司　　　　　　　2022年12月31日　　　　　　　　单位：元

资产	期末余额	上年年末余额	2022年(%)	2021年(%)	负债和所有者权益	期末余额	上年年末余额	2022年(%)	2021年(%)
流动资产：					流动负债：				
货币资金	1 510 000	1 450 000	8.4	8.4	短期借款	805 000	1 810 000	4.5	10.5
交易性金融资产	250 000	330 000	1.4	1.9	应付票据	230 000	160 000	1.3	0.9
应收票据	80 000	90 000	0.4	0.5	应付账款	1 280 000	950 000	7.1	5.5
应收账款	995 000	796 000	5.5	4.6	预收款项	140 000	124 000	0.8	0.7
预付款项	188 000	168 000	1	1	应付职工薪酬	180 000	210 000	1	1.2
其他应收款	46 000	30 000	0.3	0.2	应交税费	200 000	180 000	1.1	1.0
存货	2 900 000	2 400 000	16.1	13.9	其他应付款	198 000	153 000	1.1	0.9
一年内到期的非流动资产	75 600	70 000	0.4	0.4	一年内到期的非流动负债				
其他流动资产					其他流动负债				
流动资产合计	6 044 600	5 334 000	33.5	31	流动负债合计	3 033 000	3 587 000	16.8	20.8
非流动资产：					非流动负债：				
长期股权投资	1 000 000	2 000 000	5.5	11.6	长期借款	1 880 000	1 500 000	10.4	8.7
固定资产	10 450 000	9 500 000	58	55.1	应付债券	1 300 000	1 200 000	7.2	7
在建工程					长期应付款				
无形资产	450 000	300 000	2.5	1.7	非流动负债合计	3 180 000	2 700 000	17.6	15.7
长期待摊费用	80 000	100 000	0.4	0.6	负债合计	6 213 000	6 287 000	34.5	36.5
其他非流动资产					所有者权益：				
非流动资产合计	11 980 000	11 900 000	66.5	69	实收资本	9 400 000	8 600 000	52.2	49.9
					资本公积	800 000	800 000	4.4	4.6
					盈余公积	1 600 000	1 500 000	8.9	8.7
					未分配利润	11 600	47 000	0.1	0.3
					所有者权益合计	11 811 600	10 947 000	65.5	63.5
资产总计	18 024 600	17 234 000	100	100	负债和所有者权益总计	18 024 600	17 234 000	100	100

（2）计算偿债能力指标

①营运资金

2021年营运资金=流动资产−流动负债=5 334 000−3 587 000=1 747 000（元）

2022年营运资金=流动资产−流动负债=6 044 600−3 033 000=3 011 600（元）↑

②流动比率

2021年流动比率=流动资产÷流动负债=5 334 000÷3 587 000=1.49

2022年流动比率=流动资产÷流动负债=6 044 600÷3 033 000=1.99↑

③速动比率

2021年速动比率=速动资产÷流动负债=（5 334 000−2 400 000−168 000）÷3 587 000=0.77

2022年速动比率=速动资产÷流动负债

　　　　　　　=（6 044 600−2 900 000−188 000）÷3 033 000=0.97↑

④资产负债率

2021年资产负债率=负债总额÷资产总额×100%=6 287 000÷17 234 000×100%=36.5%

2022年资产负债率=负债总额÷资产总额×100%=6 213 000÷18 024 600×100%=34.5%↓

（3）分析评价

该企业财务状况总体形势较好。资产总量稳中有升，尽管绝对数量不大（增加 790 600 元，增长速度为 4.6%），但资产内部结构更趋合理。流动资产增加，使企业的偿债能力和支付能力增强，固定资产总量增加，比重上升，反映出企业的生产能力增强，有利于企业的发展壮大。资本结构发生变化，负债总量减少，比重下降，表明企业债务压力和财务风险降低，资本的稳定程度提高。从偿债能力的指标计算上不难看出：该企业营运资金充裕，长短期支付能力增强，财务风险降低，资本稳定程度提高，企业财务状况较好。

项目三

（一）单项选择题

　　1.A　　2.B　　3.C　　4.D　　5.C　　6.D　　7.A　　8.B　　9.D　　10.B

（二）多项选择题

　　1.BCD　　2.ABC　　3.ABCDE　　4.CDE　　5.AB　　6.BD　　7.ABC
8.CDE　　9.ABCDE　　10.ABC

（三）判断题

　　1.×　　2.√　　3.×　　4.√　　5.×　　6.√　　7.√　　8.√　　9.×　　10.√

（四）计算题

1.计算晨光公司2021年和2022年收入类各项目数据见表B-6。

表B-6 晨光公司2021年和2022年收入类各项目数据资料表

项目	2021年		2022年		差异	
	金额（万元）	比重（%）	金额（万元）	比重（%）	金额（万元）	比重（%）
主营业务收入	92 825.7	77.18	108 253.8	81.76	15 428.1	4.58
其他业务收入	26 947.6	22.41	22 065.3	16.67	−4 882.3	−5.74
投资收益	105.2	0.09	1 513.0	1.14	1 407.8	1.05
营业外收入	395.7	0.33	572.2	0.43	176.5	0.10
收入合计	120 274.2	100	132 404.3	100	12 130.1	—

分析：晨光公司的收入稳定增长，结构合理。具体表现在营业收入增长（12 130.1万元）主要是由于主营业务收入增长（15 428.1万元）所致，说明主营业务发展态势良好，绝对额和在收入中所占比重均有较大增长；投资收益增长迅速，说明企业投资决策方向正确，投资效益显著。此外，营业外收入也有一定增长，最终使企业总体的收入水平提高，收入结构更加科学合理。

2.（1）资产负债表和利润表中空缺项目的计算如下：

$\because$ 产权比率 $=\dfrac{负债}{所有者权益}=\dfrac{负债}{1\ 000}=\dfrac{1}{2}$

$\therefore$ 负债 $=1\ 000\div2=500$（万元）

资产 $=$ 负债 $+$ 所有者权益 $=500+1\ 000=1\ 500$（万元）

$\because$ 毛利率 $=\dfrac{营业毛利}{营业收入}\times100\%=\dfrac{800}{营业收入}\times100\%=20\%$

$\therefore$ 营业收入 $=800\div20\%=4\ 000$（万元）

管理费用 $=$ 营业收入 $\times10\%=4\ 000\times10\%=400$（万元）

设期末应收账款余额为 x，即

$\because$ 应收账款周转天数 $=\dfrac{360\times 应收账款平均余额}{营业收入}=\dfrac{360\times[(260+x)\div2]}{营业收入}=27$（天）

$\dfrac{360\times[(260+x)\div2]}{4\ 000}=27$

$\therefore x=340$（万元）

设期末存货余额为 y，即

$\because$ 存货周转率 $=\dfrac{营业成本}{存货平均余额}=\dfrac{4\ 000-800}{(430+y)\div2}=8$（次）

$\therefore y=370$（万元）

设利息支出为 z，即

$\because$ 已获利息倍数 $=\dfrac{利润总额+利息支出}{利息支出}=\dfrac{800-400}{z}=20$（倍）

$$\therefore z = \frac{800-400}{20} = 20 \text{（万元）}$$

利润总额=800-400-20=380（万元）

所得税费用=380×25%=95（万元）

净利润=利润总额-所得税费用=380-95=285（万元）

∵非流动负债=负债×10%=500×10%=50（万元）

∴流动负债=负债-非流动负债=500-50=450（万元）

$$\because \text{速动比率} = \frac{\text{速动资产}}{\text{流动负债}} = \frac{\text{货币资金}+\text{应收票据}+\text{应收账款}}{450} = \frac{\text{货币资金}+50+340}{450} = 1.4$$

∴货币资金=450×1.4-50-340=240（万元）

流动资产=240+50+340+370=1 000（万元）

固定资产=资产总计-流动资产合计=1 500-1 000=500（万元）

（2）根据以上计算结果填列资产负债表和利润表的空缺项，见表B-7和表B-8。

表B-7　　　　　　　　　　资产负债表（简表）

编制单位：A公司　　　　　　　202×年12月31日　　　　　　　单位：万元

资产	金额	负债和所有者权益	金额
货币资金	240	流动负债	450
应收票据	50	非流动负债（占负债的10%）	50
应收账款	340	负债合计	500
存货	370	实收资本	300
流动资产合计	1 000	资本公积	100
固定资产	500	盈余公积	400
		未分配利润	200
		所有者权益	1 000
资产总计	1 500	负债和所有者权益总计	1 500

表B-8　　　　　　　　　　利润表（简表）

编制单位：A公司　　　　　　　202×年度　　　　　　　单位：万元

项目	金额
营业收入	4 000
营业成本	3 200
营业毛利	800
管理费用	400
财务费用（公司债券利息）	20
利润总额	380
所得税费用（25%）	95
净利润	285

（五）案例分析题

（1）根据已知资料编制比较会计报表，见表B-9和表B-10。

表B-9 利润变动的水平分析表

编制单位：佰俐公司 202×年度 金额单位：万元

项目	本期金额	上期金额	增减额	增减率（%）
一、营业收入	21 000	18 600	2 400	12.90
减：营业成本	12 200	10 700	1 500	14.02
税金及附加	1 200	1 080	120	11.11
销售费用	1 900	1 620	280	17.28
管理费用	1 000	800	200	25
财务费用	300	200	100	50
加：投资收益	300	300	0	0
二、营业利润	4 700	4 500	200	4.44
加：营业外收入	150	100	50	50
减：营业外支出	650	600	50	8.33
三、利润总额	4 200	4 000	200	5
减：所得税费用（25%）	1 050	1 000	50	5
四、净利润	3 150	3 000	150	5

表B-10 利润变动的垂直分析表

编制单位：佰俐公司 202×年度 单位：%

项目	本年构成	上年构成	构成变动
一、营业收入	100.00	100.00	—
减：营业成本	58.10	57.53	0.57
税金及附加	5.71	5.81	-0.10
销售费用	9.05	8.71	0.34
管理费用	4.76	4.30	0.46
财务费用	1.43	1.08	0.35
加：投资收益	1.43	1.61	-0.18
二、营业利润	22.38	24.19	-1.81
加：营业外收入	0.71	0.54	0.17
减：营业外支出	3.10	3.23	-0.13
三、利润总额	20.00	21.51	-1.51
减：所得税费用（25%）	5.00	5.38	-0.38
四、净利润	15.00	16.13	-1.13

（2）分析评价：该公司的销售规模和最终经营成果较上年均有所提高，但净利润的增长速度（5%）大大低于营业收入的增长速度（12.90%），主要原因是营业成本、销售费用、管理费用、财务费用等成本费用的增长幅度明显高于营业收入的增长幅度，说明企业在降低成本消耗、控制各项费用支出上还有许多薄弱环节，特别是营业成本与管理费用的超支，必须引起管理者的足够重视。开源是基础，节流是根本，只有双管齐下，企业的经营成果才能不断提高。

项目四

（一）单项选择题

1.B   2.A   3.B   4.D   5.A   6.B   7.C   8.A   9.D   10.D

（二）多项选择题

1.ABC   2.BD   3.CDE   4.ABC   5.ABDE   6.AD   7.ABCD
8.ABD   9.ABCDE   10.ABC

（三）判断题

1.√   2.×   3.√   4.√   5.×   6.√   7.√   8.√   9.×   10.×

（四）计算题

1.（1）现金到期债务比=$\dfrac{6\,600}{1\,500}$=4.4

现金流动负债比=$\dfrac{6\,600}{18\,400}$=0.36

现金债务总额比=$\dfrac{6\,600}{23\,000}$=0.29

（2）现金获利能力=$\dfrac{6\,600}{7\,500}$=0.88

（3）最大负债规模=6 600÷15%=44 000（万元）

理论上可借入资金=44 000−23 000=21 000（万元）

2.根据已知资料，编制现金流入结构分析表、现金流出结构分析表和现金净流量结构分析表，分别见表B–11、表B–12、表B–13。

表B–11　　　　　　　　　　　现金流入结构分析表

项目	金额（万元）	结构百分比（%）
经营活动的现金流入	440 600.6	51.60
其中：销售商品、提供劳务收到的现金	433 753.2	98.44
收到的税费返还	115.9	0.03
收到其他与经营活动有关的现金	6 731.5	1.53

项目	金额（万元）	结构百分比（%）
投资活动的现金流入	185 575.1	21.74
其中：收回投资收到的现金	147 266.3	79.36
取得投资收益收到的现金	38 008	20.48
处置固定资产、无形资产和其他长期资产收回的现金净额	273.1	0.15
收到其他与投资活动有关的现金	27.7	0.01
筹资活动的现金流入	227 604.9	26.66
其中：吸收投资收到的现金		
取得借款收到的现金	226 778.9	99.64
收到其他与筹资活动有关的现金	826	0.36
现金流入合计	853 780.6	100

从表 B-11 可以看出，在企业当年流入的现金中，经营活动流入的现金占
51.60%，投资活动流入的现金占 21.74%，筹资活动流入的现金占 26.66%，即企
业当年流入的现金主要来源于经营活动，也有一部分来自企业的筹资活动和投资
活动。在经营活动流入的现金中，主要来自销售商品、提供劳务收到的现金收
入，占 98.44%，显而易见，企业的主营业务收入是经营活动现金流入的主体。
该企业要增加现金收入，主要是依靠经营活动，特别是来自销售的现金收入，其
次是筹资活动中的借款。

表B-12　　　　　　　　　　　　　　现金流出结构分析表

项目	金额（万元）	结构百分比（%）
经营活动的现金流出	257 755.4	30.23
其中：购买商品、接受劳务支出的现金	139 421.2	54.09
支付给职工以及为职工支付的现金	15 824.3	6.14
支付的各种税费	78 300.1	30.38
支付其他与经营活动有关的现金	24 209.8	9.39
投资活动的现金流出	126 115.6	14.79
其中：购置固定资产、无形资产和其他长期资产支付的现金	103 542.6	82.10
投资支付的现金	22 383.5	17.75
支付其他与投资活动有关的现金	189.5	0.15
筹资活动的现金流出	468 826.3	54.98
其中：偿还债务支付的现金	370 787.4	79.09
分配股利、利润或偿付利息支付的现金	97 525.7	20.80
支付其他与筹资活动有关的现金	513.2	0.11
现金流出合计	852 697.3	100

从表B-12可以看出，在企业当年流出的现金中，经营活动流出的现金占30.23%，投资活动流出的现金占14.79%，筹资活动流出的现金占54.98%。在经营活动流出的现金中，购买商品、接受劳务支付的现金占54.10%，支付给职工以及为职工支付的现金占6.14%；而在筹资活动流出的现金中，偿还债务支付的现金占79.09%，是引起大量现金流出的主要原因。

表B-13　　　　　　　　　　　　现金净流量结构分析表

项目	金额（万元）	结构百分比（%）
经营活动产生的现金流量净额	182 845.2	16 879
投资活动产生的现金流量净额	59 459.5	5 489
筹资活动产生的现金流量净额	−241 221.4	−22 267
汇率变动对现金及现金等价物的影响		
现金流量净额合计	1 083.3	100

从表B-13可以看出，该公司经营活动尚属正常，其现金流量净额为正数；筹资活动的现金流出数大于筹资活动的现金流入数，现金流量净额为负数；但经营活动和投资活动的现金流量净额大于筹资活动的现金流量净额的绝对值，故该公司全部的现金流量净额为正数，说明收大于支。

（五）案例分析题

1. 普通股股数=2 000÷10=200（万股）

现金股利总额=1 200×40%=480（万元）

每股现金股利=480÷200=2.4（元/股）

经营活动现金净流量=4 000−1 800−300−400−200=1 300（万元）

公司全部现金净流量=1 300÷80%=1 625（万元）

销售收入=4 000÷90%=4 444（万元）

债务总额=1 500+1 000=2 500（万元）

（1）现金比率=（现金+现金等价物）÷流动负债=800÷1 500=0.53

（2）现金流动负债比=经营活动现金净流量÷流动负债=1 300÷1 500=0.87

现金债务总额比=经营活动现金净流量÷负债总额=1 300÷2 500=0.52

现金到期债务比=经营活动现金净流量÷本期到期债务本息=1 300÷800=1.63

（3）每股营业现金净流量=经营活动现金净流量÷流通在外的普通股股数

$$=1 300÷200=6.5（元）$$

（4）现金股利保障倍数=每股营业现金净流量÷每股现金股利

$$=6.5÷2.4=2.71（倍）$$

（5）现金满足投资比率=经营活动现金净流量÷资本性支出总额

$$=1 300÷1 600=0.81$$

（6）分析评价：该公司现金比率小于1，说明期末现金不足以偿付流动负债；但现金流动负债比为0.87，现金到期债务比为1.63，说明该公司总体偿还债务的能力较强；现金股利保障倍数为2.71，说明有足够的保障程度支付现金股利；现金满足投资比率为0.81，说明该公司大部分投资需要的资金来源于经营活动创造，少部分来源于对外筹措，所以投资的资金风险程度较低。

总体来说，该企业有较强的现金支付能力，该公司销售收现比为90%，经营活动现金净流量占全部现金净流量的80%，说明企业收益质量不错，本期销售绝大部分本期已收到货款，经营活动创造现金流量的能力较强。

2.答案（略）。

项目五

（一）单项选择题

1.C　　2.D　　3.A　　4.B　　5.C　　6.D　　7.B　　8.B　　9.A　　10.C

（二）多项选择题

1. ABCDE　　2. AB　　3. CD　　4. ABCDE　　5. ABCD　　6. ABCD
7.ABCDE　　8.CDE　　9.ABC　　10.ACE

（三）判断题

1.√　　2.×　　3.√　　4.×　　5.√　　6.√　　7.×　　8.×　　9.√　　10.√

项目六

（一）单项选择题

1.A　　2.B　　3.C　　4.D　　5.A　　6.D　　7.A　　8.B　　9.C　　10.D

（二）多项选择题

1. ABCD　　2. CDE　　3. AB　　4. AB　　5. BC　　6. CDE　　7. DE
8.CE　　9.ABCDE　　10.BCD

（三）判断题

1.√　　2.×　　3.√　　4.√　　5.×　　6.√　　7.×　　8.√　　9.√　　10.×

（四）计算题

1.材料耗用量变动的影响=$\sum$ [（实际耗用量-计划耗用量）×计划单价]

$\qquad$ =（80-100）×0.20+（104-55）×0.06+（50-60）×0.12

$\qquad$ =-2.26（元）

材料价格变动的影响=$\sum$ [实际耗用量×（实际单价-计划单价）]

$\qquad$ =80×（0.21-0.20）+104×（0.05-0.06）+50×（0.14-0.12）

$\qquad$ =0.76（元）

各因素变动对直接材料项目的综合影响=-2.26+0.76=-1.5（元）

单位产品工时消耗量变动的影响=（实际工时-计划工时）×计划小时工资率

$$=（1.75-2）×5$$

$$=-1.25（元）$$

单位产品小时工资率变动的影响=（实际小时工资率-计划小时工资率）×实际工时

$$=（4-5）×1.75$$

$$=-1.75（元）$$

各因素变动对直接人工项目的综合影响=-1.25+（-1.75）=-3（元）

工时耗用变动的影响=（实际工时耗用-计划工时耗用）×计划小时费用分配率

$$=（12-13）×2.115$$

$$=-2.115（元）$$

小时费用分配率
变动的影响 =（实际小时费用分配率-计划小时费用分配率）×实际工时耗用

$$=（2.25-2.115）×12$$

$$=1.62（元）$$

各因素变动对制造费用项目的综合影响=-2.115+1.62=-0.495（元）

2.编制全部商品总成本计划完成情况分析表，见表B-14。

表B-14　　　　　　　全部商品总成本计划完成情况分析表　　　　　　　单位：元

产品名称	按本年计划单位成本计算的总成本	按本年实际单位成本计算的总成本	比计划	
			升降额	升降率（%）
可比产品	2 433 000	2 420 000	-13 000	-0.53
其中：甲产品	1 089 000	1 034 000	-55 000	-5.05
乙产品	1 344 000	1 386 000	+42 000	+3.13
不可比产品	230 000	220 000	-10 000	-4.35
其中：丙产品	230 000	220 000	-10 000	-4.35
全部商品产品	2 663 000	2 640 000	-23 000	-0.86

从表B-14中可以看出，全部商品产品实际总成本比计划总成本减少了23 000元，下降了0.86%。其中：可比产品实际总成本比计划降低了13 000元，降低率为0.53%；不可比产品实际总成本比计划降低了10 000元，降低率为4.35%，这说明该企业完成计划的总体情况比较好，应予肯定。

从表B-14中还可以看出，各种产品总成本完成计划的程度各不相同。其中：甲产品和丙产品的实际总成本都比计划有所降低；乙产品的实际总成本比计划超支了42 000元，上升了3.13%，这说明该企业还存在薄弱环节，有必要对乙产品的单位成本进一步进行分析，找出成本超支的主要原因。此外，不可比产品成本降低幅度较大，应考虑成本计划制订的科学性。

（五）案例分析题

1.确定分析对象

降低额差异=实际降低额-计划降低额=80 000-50 000=30 000（元）

降低率差异=实际降低率-计划降低率=3.2%-2.5%=0.7%

2.进行因素分析

（1）$产量变动对\atop 降低额的影响$ $=\left[\sum\left(本年实\atop 际产量\times 上年实际\atop 单位成本\right)-\sum\left(本年计\atop 划产量\times 上年实际\atop 单位成本\right)\right]\times 计划\atop 降低率$

$=\left[（2\ 200\times 500+1\ 400\times 1\ 000）-（2\ 000\times 500+1\ 000\times 1\ 000）\right]\times 2.5\%$

$=12\ 500（元）$

（2）$品种结构变动\atop 对降低额的影响$ $=\sum\left(本年实\atop 际产量\times 上年实际\atop 单位成本\right)\times$

$\left[\dfrac{\sum\left(本年实\atop 际产量\times 上年实际\atop 单位成本\right)-\sum\left(本年实\atop 际产量\times 本年计划\atop 单位成本\right)}{\sum（本年实际产量\times 上年实际单位成本）}-计划\atop 降低率\right]$

$=2\ 500\ 000\times\left[\dfrac{2\ 500\ 000-2\ 433\ 000}{2\ 500\ 000}-2.5\%\right]$

$=4\ 500（元）$

（3）$品种结构变动\atop 对降低率的影响$ $=\dfrac{\sum\left(本年实\atop 际产量\times 上年实际\atop 单位成本\right)-\sum\left(本年实\atop 际产量\times 本年计划\atop 单位成本\right)}{\sum（本年实际产量\times 上年实际单位成本）}-计划\atop 降低率$

$=\dfrac{2\ 500\ 000-2\ 433\ 000}{2\ 500\ 000}-2.5\%$

$=0.18\%$

（4）$单位成本变动\atop 对降低额的影响$ $=\sum\left(本年实\atop 际产量\times 上年实际\atop 单位成本\right)\times$

$\left[实际\atop 降低率-\dfrac{\sum\left(本年实\atop 际产量\times 上年实际\atop 单位成本\right)-\sum\left(本年实\atop 际产量\times 本年计划\atop 单位成本\right)}{\sum（本年实际产量\times 上年实际单位成本）}\right]$

$=2\ 500\ 000\times\left[3.2\%-\dfrac{2\ 500\ 000-2\ 433\ 000}{2\ 500\ 000}\right]$

$=13\ 000（元）$

（5）$单位成本变动\atop 对降低率的影响$ $=实际\atop 降低率-\dfrac{\sum\left(本年实\atop 际产量\times 上年实际\atop 单位成本\right)-\sum\left(本年实\atop 际产量\times 本年计划\atop 单位成本\right)}{\sum（本年实际产量\times 上年实际单位成本）}$

$=3.2\%-\dfrac{2\ 500\ 000-2\ 433\ 000}{2\ 500\ 000}$

$=0.52\%$

上述各因素变动对可比产品成本降低任务完成情况的影响汇总表，见表B-15。

表B–15　　　　　可比产品成本降低任务完成情况因素分析汇总表

因素	影响程度	
	降低额（元）	降低率（%）
产量变动因素	+12 500	
品种结构变动因素	+4 500	+0.18
单位成本变动因素	+13 000	+0.52
合计	+30 000	+0.7

为了对可比产品成本降低任务完成情况作出准确的评价，还需要进一步分析上述各因素变动的影响是在什么情况下形成的。

首先，从产品单位成本变动的影响来看，单位成本降低使降低额比计划增加13 000元，降低率增加0.52%，这是在甲产品成本降低、乙产品成本上升的情况下取得的。如果甲产品成本降低是主观努力的结果，乙产品成本上升是客观原因造成的，则可对该因素变动的影响作出较好的评价。

其次，从产品品种结构和产量变动的影响来看，产品品种结构变动对降低额的影响是4 500元，对降低率的影响是0.18%；产品产量变动对降低额的影响是12 500元。由于它们是在超额完成各种产品产量计划的情况下取得这部分成绩的，因此，可视为正常情况。

综上所述，该企业超额完成可比产品成本降低任务，是在全面完成产品品种计划的情况下，主要靠增加产品产量和降低产品成本取得的，应给予良好的评价。

项目七

（一）单项选择题

　　1.A　　2.D　　3.C　　4.D　　5.D　　6.A　　7.C　　8.C　　9.B　　10.B

（二）多项选择题

　　1.ACD　　2.ABCDE　　3.ABCD　　4.ABCDE　　5.CDE　　6.BCDE

7.ABCDE　　8.BD　　9.AE　　10.BDE

（三）判断题

　　1.×　　2.√　　3.×　　4.√　　5.√　　6.×　　7.√　　8.√　　9.√　　10.×

（四）计算题

　　（1）计算反映企业偿债能力的指标

　　①流动比率 $=\dfrac{流动资产}{流动负债}=\dfrac{270}{90}=3$

②速动比率$=\dfrac{\text{速动资产}}{\text{流动负债}}=\dfrac{270-120}{90}=1.67$

③资产负债率$=\dfrac{\text{负债总额}}{\text{资产总额}}\times100\%=\dfrac{190}{470}\times100\%=40.43\%$

④已获利息倍数$=\dfrac{\text{利润总额}+\text{利息支出}}{\text{利息支出}}=\dfrac{400-250-100+6}{6}=9.33\,(\text{倍})$

（2）计算反映企业营运能力的指标

①总资产周转率$=\dfrac{\text{销售收入净额}}{\text{总资产平均余额}}=\dfrac{400}{(545+470)\div2}=0.79\,(\text{次})$

②应收账款周转率$=\dfrac{\text{赊销收入净额}}{\text{应收账款平均余额}}=\dfrac{200}{(60+70)\div2}=3.08\,(\text{次})$

③存货周转率$=\dfrac{\text{销售成本}}{\text{存货平均余额}}=\dfrac{250}{(80+120)\div2}=2.5\,(\text{次})$

（3）计算反映企业盈利能力的指标

①销售利润率$=\dfrac{\text{利润总额}}{\text{销售收入}}\times100\%=\dfrac{400-250-100}{400}\times100\%=12.5\%$

②成本费用利润率$=\dfrac{\text{利润总额}}{\text{成本费用总额}}\times100\%=\dfrac{400-250-100}{250+100}\times100\%=14.29\%$

③总资产报酬率$=\dfrac{\text{利润总额}+\text{利息支出}}{\text{平均资产总额}}\times100\%=\dfrac{50+6}{(545+470)\div2}\times100\%=11.03\%$

④净资产收益率$=\dfrac{\text{净利润}}{\text{平均净资产}}\times100\%=\dfrac{50-50\times25\%}{(280+280)\div2}\times100\%=13.39\%$

（4）计算反映企业资产增长能力的指标

总资产增长率$=\dfrac{\text{年末总资产}-\text{年初总资产}}{\text{年初总资产}}\times100\%=\dfrac{470-545}{545}\times100\%=-13.76\%$

（5）计算反映企业固定资产生产能力的指标

固定资产成新率$=\dfrac{\text{平均固定资产净值}}{\text{平均固定资产原值}}\times100\%=\dfrac{(350+200)\div2}{(500+300)\div2}\times100\%=68.75\%$

（6）分析评价：该企业集团202×年总资产出现负增长，且资产质量下降（应收账款和存货数量明显增加，固定资产规模下降），必然会影响当年的经营绩效，因此，虽然总资产周转率有明显提高，流动比率、速动比率都比较高，但销售利润率仍大大低于上年。固定资产成新率不高，总体规模缩减，也必将影响下一年度的销售增长和利润提升。因而，该企业集团整体财务状况不容乐观。

项目八

（一）单项选择题

1.D　　2.A　　3.B　　4.D　　5.B　　6.C　　7.A　　8.B　　9.C　　10.D

（二）多项选择题

1. ABCD　　2. ABCD　　3. ABCD　　4. ABE　　5. ABC　　6. ABCDE

7. BCD　　8. ABCDE　　9. CD　　10. ABCDE

（三）判断题

1. √　　2. ×　　3. ×　　4. √　　5. ×　　6. √　　7. √　　8. ×　　9. ×　　10. √

（四）计算题

1. 计算存货周转率

$$流动比率-速动比率=\frac{流动资产-速动资产}{流动负债}=\frac{存货平均余额}{流动负债}$$

即 $3.0-2.5=\dfrac{存货平均余额}{60}$

存货平均余额=30万元

$$存货周转率=\frac{营业成本}{存货平均余额}=\frac{81}{30}=2.7（次）$$

2. 计算流动比率、速动比率

$$流动比率=\frac{流动资产}{流动负债}=\frac{400}{200}=2$$

$$速动比率=\frac{速动资产}{流动负债}=\frac{400-(90+2+7+200×0.005)}{200}=\frac{400-100}{200}=1.5$$

3. 计算并填列资产负债表空项

（1）$存货周转率=\dfrac{营业成本}{存货平均余额}=\dfrac{315\,000}{存货平均余额}=4.5（次）$

期初存货余额=期末存货余额=$\dfrac{315\,000}{4.5}=70\,000（元）$

（2）应收账款=432 000-294 000-70 000-25 000=43 000（元）

（3）$流动比率=\dfrac{流动资产}{流动负债}=\dfrac{432\,000-294\,000}{流动负债}=\dfrac{138\,000}{流动负债}=1.5$

流动负债=$\dfrac{138\,000}{1.5}=92\,000（元）$

应付账款=92 000-25 000=67 000（元）

（4）$资产负债率=\dfrac{负债总额}{资产总额}×100\%=50\%$

负债总额=432 000×50%=216 000（元）

非流动负债=216 000-92 000=124 000（元）

（5）未分配利润=216 000-300 000=-84 000（元）

根据以上计算结果填列资产负债表空项，见表B-16。

表B-16 资产负债表（简表）

编制单位：某公司　　　　　　　　202×年12月31日　　　　　　　　单位：元

资产	期末余额	负债和所有者权益	期末余额
货币资金	25 000	应付账款	67 000
应收账款	43 000	应交税费	25 000
存货	70 000	非流动负债	124 000
固定资产	294 000	实收资本	300 000
		未分配利润	-84 000
资产总计	432 000	负债和所有者权益总计	432 000

4.（1）反映企业短期偿债能力的指标

①流动比率=流动资产÷流动负债

年初流动比率=7 100÷3 400=2.09

年末流动比率=8 050÷4 000=2.01

该企业202×年年初和年末流动比率均超过国际公认的标准，表明短期偿债能力较强。

②速动比率=速动资产÷流动负债

年初速动比率=（7 100-4 060-40）÷3 400=0.88

年末速动比率=（8 050-5 280-70）÷4 000=0.68

该企业202×年速动比率年末较年初有所降低，虽然流动比率达到了国际公认的标准，但是由于流动资产中存货所占比重较大，导致速动比率偏低，说明短期偿债能力并不理想，应采取措施，降低库存，增强资产的流动性。

③现金比率=$\dfrac{货币资金 + 有价证券}{流动负债}$

年初现金比率=$\dfrac{800 + 1\,000}{3\,400}$=0.53

年末现金比率=$\dfrac{900 + 500}{4\,000}$=0.35

该企业202×年的现金比率偏低，而且年末较年初又有明显降低，说明企业可动用的"活钱"偏少，对流动负债的保障程度较低。

（2）反映企业长期偿债能力的指标

①资产负债率=负债总额÷资产总额×100%

年初资产负债率=5 400÷20 000×100%=27%

年末资产负债率=6 500÷23 000×100%=28%

该企业年初和年末的资产负债率均不高，说明企业长期偿债能力较强。

②已获利息倍数=$\dfrac{利润总额 + 利息支出}{利息支出}$

上年已获利息倍数=$\dfrac{4\,000 + 200}{200}$=21（倍）

202×年已获利息倍数$=\dfrac{4\,200+300}{300}=15$（倍）

该企业上年和202×年已获利息倍数都较高，表明企业长期偿债能力较强。

（3）反映企业营运能力的指标

①应收账款周转率$=\dfrac{营业收入}{应收账款平均余额}$

上年应收账款周转率$=\dfrac{18\,000}{(1\,100+1\,200)\div 2}=15.65$（次）

202×年应收账款周转率$=\dfrac{20\,000}{(1\,200+1\,300)\div 2}=16$（次）

该企业202×年应收账款周转率比上年有所改善，周转次数增加0.35次，不仅说明营运能力有所增强，而且对流动资产变现能力和周转速度有所促进。

②存货周转率$=\dfrac{营业成本}{存货平均余额}$

上年存货周转率$=\dfrac{10\,700}{(3\,840+4\,060)\div 2}=2.71$（次）

202×年存货周转率$=\dfrac{12\,200}{(4\,060+5\,280)\div 2}=2.61$（次）

该企业存货的周转速度202×年较上年相比略缓慢，应进一步查明原因。

③流动资产周转率$=\dfrac{营业收入}{流动资产平均余额}$

上年流动资产周转率$=\dfrac{18\,000}{(6\,000+7\,100)\div 2}=2.75$（次）

202×年流动资产周转率$=\dfrac{20\,000}{(7\,100+8\,050)\div 2}=2.64$（次）

该企业202×年流动资产周转率较上年有所降低，流动资产周转速度下降，应结合企业具体情况再做进一步的分析。

（4）反映企业盈利能力的指标

①营业利润率$=\dfrac{营业利润}{营业收入}\times 100\%$

上年营业利润率$=\dfrac{4\,500}{18\,000}\times 100\%=25\%$

202×年营业利润率$=\dfrac{4\,700}{20\,000}\times 100\%=23.5\%$

该企业营业利润率202×年较上年相比有所下降，盈利能力有所降低，应结合企业其他因素再做深入的分析。

②成本费用利润率$=\dfrac{利润总额}{成本费用总额}\times 100\%$

上年成本费用利润率$=\dfrac{4\,000}{10\,700+1\,080+1\,620+800+200}\times 100\%=27.78\%$

$$202×年成本费用利润率=\frac{4\,200}{12\,200+1\,200+1\,900+1\,000+300}×100\%=25.30\%$$

该企业202×年的成本费用利润率比上年有所下降，应进一步分析下降的原因，按成本费用构成逐项分析各成本费用项目的变化情况，有针对性地采取措施，增收节支，扭转利润率下滑的态势。

③总资产报酬率=$\dfrac{利润总额+利息支出}{平均资产总额}×100\%$

上年总资产报酬率=$\dfrac{4\,000+200}{(19\,000+20\,000)÷2}×100\%=21.54\%$

$$202×年总资产报酬率=\frac{4\,200+300}{(20\,000+23\,000)÷2}×100\%=20.93\%$$

该企业202×年总资产报酬率较上年有所降低，应结合企业具体情况进一步加以分析。

④净资产收益率=$\dfrac{净利润}{平均净资产}×100\%$

上年净资产收益率=$\dfrac{2\,400}{(13\,000+14\,600)÷2}×100\%=17.39\%$

$$202×年净资产收益率=\frac{2\,520}{(14\,600+16\,500)÷2}×100\%=16.21\%$$

该企业净资产收益率202×年较上年有所下降，其原因是所有者权益的增长（13%）快于净利润的增长（5%）。

（5）反映企业发展能力的指标

①营业收入增长率=$\dfrac{本期营业收入增长额}{前期营业收入}×100\%$

$$202×年营业收入增长率=\frac{20\,000-18\,000}{18\,000}×100\%=11.11\%$$

②总资产增长率=$\dfrac{本期总资产增长额}{期初总资产}×100\%$

$$202×年总资产增长率=\frac{23\,000-20\,000}{20\,000}×100\%=15\%$$

计算结果表明，该企业营业收入稳中有升，总资产增长速度较快。

（五）案例分析题

分析提示：

1.步骤

（1）仔细阅读相关资料，了解与掌握公司的经营活动特点及相关分析信息。

（2）根据分析目的与要求选择分析方法，主要有水平分析法、垂直分析法、趋势分析法、比率分析法等。运用以上方法编制各种分析表，揭示公司经营活动和财务状况。

（3）对公司的经营能力、负债状况、资产的流动性、偿债能力和盈利能力分别进行分析和评价。

2.应注意的问题

（1）分清影响公司财务状况的主观因素与客观因素。

（2）将偿债能力的静态指标与动态指标相结合进行分析与评价。

（3）将偿债能力指标和盈利能力、盈利质量等指标相结合进行评价。

（4）深入调研市场需求，科学预判公司的经营前景。

项目九

（一）单项选择题

1.C　　2.D　　3.C　　4.A　　5.B　　6.D　　7.C　　8.D　　9.B　　10.B

（二）多项选择题

1.BCDE　　2.AD　　3.BCD　　4.ABC　　5.ABCD　　6.BCDE　　7.AC

8.CE　　9.ABCDE　　10.BD

（三）判断题

1.√　　2.×　　3.√　　4.×　　5.√　　6.×　　7.√　　8.√　　9.×

10.×

（四）计算题

1.单项指数计算

$$资产负债率的单项指数=\frac{50\%-(60\%-50\%)}{50\%}=0.8$$

$$流动比率的单项指数=\frac{200\%-(200\%-180\%)}{200\%}=0.9$$

2.基本指标得分计算

本档基础分=15×0.8=12（分）

$$本档调整分=\frac{11\%-10\%}{14\%-10\%}\times(15\times1-15\times0.8)=0.75（分）$$

总资产报酬率指标得分=12+0.75=12.75（分）

3.修正系数计算

$$功效系数=\frac{13\%-10\%}{16\%-10\%}=0.5$$

$$分析系数=\frac{36}{40}=0.9$$

营业利润率的修正系数=1.0+（0.6+0.5×0.2-0.9）=0.8

营业利润率的加权修正系数=0.8×（14÷40）=0.28

4.评议指标得分计算

$$发展创新能力评议指标得分=\frac{14\times1+14\times1+14\times1+14\times0.8+14\times0.8+14\times0.8+14\times0.6}{7}$$

$$=12（分）$$

5.净资产收益率分析

有关指标计算见表B-17。

表B-17　　　　　　　　　　　财务指标计算表

项目	上年	本年
净资产收益率（%）	13.5 $\left(\dfrac{3\ 473}{25\ 729}\times100\%\right)$	14.2 $\left(\dfrac{3\ 557}{25\ 051}\times100\%\right)$
营业净利率（%）	9.28 $\left(\dfrac{3\ 473}{37\ 424}\times100\%\right)$	8.83 $\left(\dfrac{3\ 557}{40\ 278}\times100\%\right)$
总资产周转率（次）	0.8 $\left(\dfrac{37\ 424}{46\ 780}\right)$	0.82 $\left(\dfrac{40\ 278}{49\ 120}\right)$
权益乘数	1.82 $\left(\dfrac{46\ 780}{25\ 729}\right)$	1.96 $\left(\dfrac{49\ 120}{25\ 051}\right)$

分析对象：14.2%-13.5%=0.7%

由于营业净利率变动的影响：（8.83%-9.28%）×0.8×1.82=-0.655%

由于总资产周转率变动的影响：8.83%×（0.82-0.8）×1.82=0.321%

由于权益乘数变动的影响：8.83%×0.82×（1.96-1.82）=1.014%

各因素影响额合计：-0.655%+0.321%+1.014%=0.68%≈0.7%

6.可持续增长率分析

有关指标计算见表B-18。

表B-18　　　　　　　　　　　财务指标计算表

项目	上年	本年
净资产收益率（%）	7.5 $\left(\dfrac{3\ 083}{41\ 112}\times100\%\right)$	7.9 $\left(\dfrac{3\ 215}{40\ 701}\times100\%\right)$
营业净利率（%）	6 $\left(\dfrac{3\ 083}{51\ 390}\times100\%\right)$	5.57 $\left(\dfrac{3\ 215}{57\ 722}\times100\%\right)$
总资产周转率（次）	0.75 $\left(\dfrac{51\ 390}{68\ 520}\right)$	0.78 $\left(\dfrac{57\ 722}{74\ 002}\right)$
权益乘数	1.67 $\left(\dfrac{68\ 520}{41\ 112}\right)$	1.82 $\left(\dfrac{74\ 002}{40\ 701}\right)$
股利支付率（%）	40 $\left(\dfrac{1\ 233}{3\ 083}\times100\%\right)$	35 $\left(\dfrac{1\ 125}{3\ 215}\times100\%\right)$
可持续增长率（%）	4.5 $\left[7.5\%\times（1-40\%）\right]$	5.14 $\left[7.9\%\times（1-35\%）\right]$

分析对象：5.14%-4.5%=0.64%

上年指标：6%×0.75×1.67×（1-40%）=4.51%

替代营业净利率：5.57%×0.75×1.67×（1-40%）=4.19%

替代总资产周转率：5.57%×0.78×1.67×（1-40%）=4.35%

替代权益乘数：5.57%×0.78×1.82×（1-40%）=4.74%

本年指标（替代股利支付率）：5.57%×0.78×1.82×（1-35%）=5.14%

①营业净利率下降的影响：4.19%-4.51%=-0.32%

②总资产周转率提高的影响：4.35%-4.19%=0.16%

③权益乘数提高的影响：4.74%-4.35%=0.39%

④股利支付率降低的影响：5.14%-4.74%=0.4%

各因素影响额合计：-0.32%+0.16%+0.39%+0.4%=0.63%

主要参考文献

［1］财政部会计资格评价中心．财务管理（2023年度全国会计专业技术资格考试辅导教材）［M］．北京：经济科学出版社，2023．

［2］中华人民共和国财政部．企业会计准则第30号——财务报表列报［M］．北京：中国财政经济出版社，2014．

［3］张奇．大数据财务管理［M］．北京：人民邮电出版社，2016．

［4］张先治，陈友邦．财务分析［M］．10版．大连：东北财经大学出版社，2022．

［5］王娜．财务报表分析［M］．3版．北京：中国人民大学出版社，2019．

［6］徐珏．企业财务报表分析［M］．4版．大连：东北财经大学出版社，2023．

［7］胡玉明．财务报表分析［M］．4版．大连：东北财经大学出版社，2021．

［8］林丽．会计报表分析［M］．上海：上海财经大学出版社，2013．

［9］李晓静．财务报告与分析［M］．北京：北京大学出版社，2013．

［10］任小平．财务从不说假话［M］．北京：石油工业出版社，2012．

［11］孙蕾蕾，吴怀镛．会计表单一学就会［M］．北京：中国宇航出版社，2012．

［12］樊行健．财务报告分析［M］．北京：中国财政经济出版社，2008．

［13］李昕．财务成本管理［M］．北京：经济科学出版社，2008．

［14］曾钧，徐俊．财务会计报告分析［M］．北京：高等教育出版社，2008．

［15］曾建斌．看故事学财务管理［M］．广州：广东省出版集团，广东经济出版社，2004．